中国与西方

当前经济、政策与应对

林毅夫
[美] 扬·什维纳尔（Jan Svejnar）/ 主编

杜加祥 / 译

中信出版集团｜北京

图书在版编目（CIP）数据

中国与西方：当前经济、政策与应对 / 林毅夫，（美）扬·什维纳尔编；杜加祥译 . -- 北京：中信出版社，2022.5
书名原文：China and the West
ISBN 978-7-5217-4089-9

Ⅰ.①中… Ⅱ.①林… ②扬… ③杜… Ⅲ.①经济政策－对比研究－中国、西方国家 Ⅳ.① F120 ② F150.0

中国版本图书馆 CIP 数据核字（2022）第 049146 号

中国与西方——当前经济、政策与应对
主　编：　　林毅夫　［美］扬·什维纳尔
译　者：　　杜加祥
出版发行：中信出版集团股份有限公司
　　　　　（北京市朝阳区惠新东街甲 4 号富盛大厦 2 座　邮编　100029）
承印者：　北京诚信伟业印刷有限公司

开本：787mm×1092mm　1/16　　印张：14.75　　字数：160 千字
版次：2022 年 5 月第 1 版　　　　印次：2022 年 5 月第 1 次印刷
书号：ISBN 978-7-5217-4089-9
定价：68.00 元

版权所有·侵权必究
如有印刷、装订问题，本公司负责调换。
服务热线：400-600-8099
投稿邮箱：author@citicpub.com

目 录

本书作者团队　/ III
引　　言　/ VII

第一部分　近期政策和表现

第 1 章　繁荣之路：中国在过去 40 年间向市场经济的
　　　　转型之路　/ 003
第 2 章　中国在世界经济中的表现和前景　/ 017
第 3 章　国家在经济增长过程中的作用　/ 025
第 4 章　对全球金融危机的反思：中美政策比较　/ 039
第 5 章　中国结构性改革：通过再平衡
　　　　实现强劲的可持续和包容性增长　/ 053

第二部分　贸易、紧张局势和劳动分工

第 6 章　国际贸易中合作与竞争的潜力：近期贸易增长和驱动因素　/ 085

第 7 章　2018 年中美经贸争端概况　/ 099

第 8 章　不断变化的世界秩序所展现的代谢特征　/ 133

第 9 章　全球经济贸易紧张局势加剧背景下的印度和中国　/ 161

第三部分　数字化与领导力

第 10 章　创新与数字经济的作用：中美欧经济政策的新机遇与新挑战　/ 173

第 11 章　欧洲经济的数字化进展　/ 181

第 12 章　从人口结构视角看中国创新驱动的前景　/ 195

第 13 章　中国地方领导的政绩考核　/ 213

本书作者团队

林毅夫

北京大学新结构经济学研究院教授、院长，南南合作与发展学院院长，国家发展研究院名誉院长。1994 年创立北京大学中国经济研究中心（现北京大学国家发展研究院），并担任主任一职。2008 年被任命为世界银行首席经济学家。

扬·什维纳尔（Jan Svejnar）

哥伦比亚大学国际与公共事务学院（SIPA）教授、全球经济治理中心主任，欧洲经济协会、经济政策研究中心（伦敦）和德国劳动研究所（IZA）研究员。1992—1997 年担任捷克共和国科学院经济研究所创始主任。他还曾担任过伦敦经济政策研究中心转型项目联合主任、比较经济研究协会主席、《经济展望》杂志副主编、欧洲经济协会理事会成员。

埃蒂沙姆·艾哈迈德（Ehtisham Ahmad）

伦敦政治经济学院格兰瑟姆研究所客座教授，浙江大学包玉刚教授。

白重恩

清华大学经济管理学院院长、曼斯菲尔德·弗里曼讲座教授，清华大学中国财政税收研究所所长。

特莎·本德（Tessa Bender）
卢森堡欧洲投资银行经济学家。

菲利普·布鲁舍（Philipp Brutscher）
卢森堡欧洲投资银行经济学家。

陈平
复旦大学中国研究院高级研究员、经济学院兼职教授，北京大学国家发展研究院退休教授。

罗伯特·库普曼（Robert Koopman）
世界贸易组织首席经济学家、经济研究和统计局局长。

雅各布·卢（Jacob Lew）
哥伦比亚大学国际与公共事务学院客座教授，曾担任美国第76任财政部长、白宫办公厅主任。

梁建章
携程集团联合创始人。

卢锋

北京大学国家发展研究院金光讲席教授。

埃里克·马斯金（Eric Maskin）

2007年诺贝尔经济学奖得主，曾在哈佛大学经济系任教16年，在麻省理工学院经济系任教8年，现任普林斯顿高级研究所社会研究学院讲座教授，清华大学名誉教授。

伊莎贝拉·纽韦格（Isabella Neuweg）

就职于经济合作与发展组织（OECD），负责东欧、高加索和中亚地区的绿色金融和投资；伦敦政治经济学院格兰瑟姆气候变化与环境研究所政策分析师。

阿尔温德·帕纳格里亚（Arvind Panagariya）

哥伦比亚大学经济学教授、印度政治经济学贾格迪什·巴格沃蒂教授。

埃德蒙·菲尔普斯（Edmund Phelps）

2006年诺贝尔经济学奖得主，哥伦比亚大学政治经济学名誉教授，哥伦比亚大学资本主义与社会研究中心主任；2010—2016年任闽江学院新华都商学院名誉院长，2014年获得中国政府颁发的"友谊奖"。

德博拉·雷沃尔泰拉（Debora Revoltella）
卢森堡欧洲投资银行经济部主任。

宋敏
武汉大学经济与管理学院院长，香港大学中国金融研究中心创始主任，曾任香港大学经济与工商管理学院教授、北京大学经济学院金融学系主任。

尼古拉斯·斯特恩（Nicholas Stern）
现任伦敦政治经济学院经济与政府学 IG 帕特尔（IG Patel）教授，格兰瑟姆气候变化与环境研究所所长，曾任英国科学院院长、欧洲复兴开发银行和世界银行首席经济学家，《斯特恩报告》主要作者。

谢春萍
伦敦政治经济学院格兰瑟姆气候变化与环境研究所政策研究员。

引言

林毅夫　扬·什维纳尔

在本书中，我们将用13个章节介绍中国和西方面临的关键政策问题，这些供稿均来自中西方著名学者和前政策制定者。每一章都以政策简报的形式呈献，重点关注国家在经济发展、贸易问题中的作用以及在创新、数字化和领导力方面所发挥的作用。

本书第一部分关注近期政策和表现。林毅夫和扬·什维纳尔首先提出了他们对中国经济崛起及其对其他国家和全球经济影响的看法。随后是美国前财政部长雅各布·卢对国家在中国和西方所发挥作用的评论，重点是政府在经济管理方面的四个核心职责，即：（1）宏观经济政策；（2）法律体系的力量；（3）公共产品投资，如教育、基础研究和基础设施；（4）外部性的管理。接下来，武汉大学经济学教授宋敏回顾了中国和美国针对全球金融危机制定的政策及其影响。他指出，与许多其他国家不同的是，中国和美国的政策都行动迅速而富有成效；当然，两国的政策也都留下了一些长期的结构性问题，例如美国收入不平等加剧以及中国的企业和地方政府维持着较高的杠杆率。在本书第一部分的最后一章，埃蒂沙姆·艾哈迈德、伊莎贝拉·纽韦格、尼古拉斯·斯特恩和谢春萍讨论了实现国内再平衡的结构性改革，这一改革将带来中国国内外的可持续增长。

本书第二部分关注贸易、紧张局势和劳动分工问题。世贸组织首席经济学家罗伯特·库普曼首先根据当前的全球贸易紧张局势，对国际贸易中的合作和竞争潜力进行了评估。他阐述了在现代历史中，国际贸易的增长和不断变化的地理环境以及贸易与经济增长之间的关系；解决了"贸易增长的推动因素是什么"这一问题，并以对贸易冲突期间"模糊的保护主义"以及投资和消费者支出对增长的重要性的思考收尾。北大经济学教授卢锋接着分析了中美经贸争端，重点关注了当时的事实背景以及特朗普政府提出的美国政策转变背后可以确定的驱动因素，最后总结了他所发现的中美争端中的关键问题。复旦大学研究员陈平进而通过审视不断变化的发展模式和世界秩序，发现中国发展模式、世界秩序和经济思维所发生的重要转变。他认为，更具包容性的世界秩序需要经济和政治思想上的全新方法。第二部分的最后一章是哥伦比亚大学教授阿尔温德·帕纳格里亚对于全球经济贸易紧张局势加剧的背景下印度和中国的看法。他指出了印度按GDP（国内生产总值）计算作为世界第七大经济体的重要性，以及按照目前的增长率，印度可能在十年内成为世界第三大经济体的前景。同时他简要介绍了印度的经济历史，对相关政策进行了分析，谈了应从公共和私营部门吸取的经验教训，并强调鉴于美国保护主义抬头，印度和中国之间极有必要保持自由贸易。

本书第三部分深入探讨了创新、数字化和领导力的重要问题。2006年诺贝尔经济学奖得主埃德蒙·菲尔普斯首先考察了中国、美国和欧洲关于创新和数字经济的经济政策所面临的挑战。他重点关注了19世纪20年代至20世纪60年代美国大创新时代背景下生产力增长率的下降，并将近些年美国、法国和中国各自的政策做了对比。他考虑了人工智能和自动化发展的影响，在结论中则主张接受和激励颠覆性创新。德博拉·雷沃尔泰拉、菲利普·布鲁舍和特莎·本德专注于与欧洲经济数字化相关的问题。他们指出，在几乎可以被称为"失去的十年"这段时期之后，欧洲再次开始增长，投资也在21世纪前10年开始回升。但是，作者也给予警示，欧洲的长期繁荣发展取决于扭转生产率增长放缓的趋势和在数字化和创新方面的优异表现。他们还使用了一套独特的公司数据集来研究这些问题。携程创始人、人口问题专家梁建章从人口统计的角度审视了中国创新驱动的前景。他认为规模效应（国家规模）、集聚效应（集群的存在）和人口年龄效应是一国创新能力的关键。他根据这些效应评估了中国的前景，并得出了一些政策结论。由白重恩和埃里克·马斯金合著的最后一章指出了地方领导层的重要性，并建议对中国地方领导层的政绩考核体系进行重新设计。作者首先介绍了地方政府的主要成就和失败之处，随后，他们概述了地方领导层的现行政绩考核体系，并对比研究了体系重新设计的一些一般原则。最后，他们提出了应该包含在新考核体系中的一些具体意见。

在这样一个充满挑战、瞬息万变的世界中，本书不仅希望提供各位作者的权威分析和观点，而且希望激发关于中国和西方共同未来的进一步思考和辩论。在如今受新冠疫情影响的世界中，这种思辨正变得越来越重要。

第一部分
近期政策和表现

第 1 章
繁荣之路：中国在过去 40 年间向市场经济的转型之路

林毅夫

2018 年，中国举行了庆祝改革开放 40 周年大会，而中国转型以来的经济表现堪称人类奇迹。1978 年的中国是世界上最贫穷的国家之一，人均 GDP 仅为 156 美元，不到撒哈拉以南非洲国家平均水平（490 美元）的 1/3。与其他贫穷国家一样，中国人口中有 82% 生活在农村地区，84% 的人生活在每天 1.25 美元的国际贫困线以下。中国还是一个内向型经济体，贸易仅占其 GDP 的 9.7%。虽起于微末，但中国在 1978—2018 年实现了年均 9.4% 的 GDP 增长率和年均 14.8% 的贸易增长率。2010 年，中国超过日本成为世界第二大经济体，超过德国成为实际第一大出口国。2013 年，中国超越美国成为世界第一大贸易国，2014 年再次超越美国成为世界第一大经济体（按购买力平价衡量）。中国已经有 7 亿多人脱贫，占这一时期全球减贫人口的 70% 以上。此外，中国是世界上唯一没有遭受本土金融危机影响的新兴市场经济体。2019 年，中国人均 GDP 达到 1.03 万美元并极有可能在 2025 年左右跨过 1.27 万美元的门槛，成为高收入国家。如果上述预测顺利实现，在二战后近 200 个发展中经济体中，中国大陆将成为继韩国和中国台湾之后第三个成功实现从低收入到高收入跃迁的经济体。

在本章中，我将探讨为什么中国在 1978 年启动转型后能够取得如此出色的成绩，为什么在 1978 年之前中国不可能有类似的表现，为什么中国能够避免其他转型经济体所发生的崩溃和停滞，中国为其成功付出了何种代价，以及需要吸取哪些教训。

为什么中国在 1978 年之后增长如此迅猛

现有产业的持续技术创新和高附加值产业的出现是生产力和收入持续提高以及任何经济体（无论是高收入国家还是发展中国家）实现持续增长的基础。

然而，高收入国家和发展中国家之间存在一些重要差异。在高收入国家，技术和产业已经处于全球技术前沿。想要实现技术和产业升级，它们必须发明新的技术和产业来推动这些前沿领域的发展。发明需要巨大的资本支出，而且带有很大风险。19世纪末以来，高收入国家人均劳动生产率和人均GDP的年均增长率一直徘徊在2%左右。

对于发展中国家而言，它们的技术和产业处于全球技术和产业前沿范围内。它们可以从高收入国家获取或模仿相关技术和产业，实现技术创新和产业升级。这样，发展中国家的技术创新和产业升级将比高收入国家具有更低的成本和风险。这种可能性就是所谓的"后发优势"或"落后得益"。充分利用这一优势，发展中国家就可以实现更高的技术创新和产业升级速度，从而实现较快的经济增长、较快的劳动生产率提高和收入增长。

自二战结束以来，世界上有13个经济体找到了各自的方法来实现后发优势的潜力，并在25年或更长时间内实现年均7%或更高的GDP增长率（世界银行2008）。在高收入国家，人均产出和人口数量提高，会使该地区的年均GDP增长率达到3%。7%或更高的增长率是高收入国家的两倍多。如果这一增速持续25年或更长时间，相关国家与高收入国家之间的差距将会明显缩小。1978年转型开始后，中国就跻身这13个经济体行列。

为什么中国在1978年之前未能实现动态增长

早在1978年开始向市场经济转型之前，中国就已经拥有后发优势，但为什么中国未能在1978年之前从这种潜力中受益并实现强劲增长呢？这是因为中国在1949年后走了些弯路。

与其他发展中国家的许多革命领袖一样，一直激励着毛泽东和其他革命领袖的就是快速实现工业化和现代化，迅速赶上先进国家的梦想。

有人认为，缺乏作为军事和经济基础的大规模、先进的资本密集型重工业是国家落后的根本原因。中国在革命成功后开始建设国家时，自然而然地选择优先发展大规模的重工业和先进工业。从1953年开始，中国制订了一系列雄心勃勃的五年计划，加快建设现代先进产业，目标是10年内超过英国、15年内赶上美国。但当时中国是一个底子非常薄弱的农业经济体，在现代先进产业中没有比较优势，这些产业中的中国企业在开放、竞争的市场中无法自主发展。

为了实现战略目标，中国政府需要通过给予这些部门的企业垄断权并通过各种价格扭曲，包括压低利率、高估汇率和降低投入品价格等，对其进行补贴，从而保护优先行业。价格扭曲造成了短缺，政府不得不动用行政手段来调动资源并将资源直接分配给那些优先行业中无法自主发展的企业。

这些干预措施使中国得以迅速建立现代先进产业，在20世纪60年代试爆核弹，并在70年代发射卫星。但当时资源配置失当，激励措施遭到扭曲，中国具有比较优势的劳动密集型部门也受到压制。其结果就是经济效率低下，经济增长主要依靠增加投入拉动，人民生活困苦。

中国如何避免转型崩溃

二战后，其他社会主义国家和大多数发展中国家，受同一个现代化梦想的鼓舞和当时盛行的结构主义的指导，也采取了类似的战略和政府干预措施，来加快先进资本密集型产业的发展，但纷纷遭遇与中国类似的经济困境。当中国开始从计划经济向市场经济转型时，许多其他社会主义国家和发展中国家也开始了类似的转型。中国实现了国家稳定和充满活力的增长，而其他国家却遭受经济崩溃、发展停滞和危机频发的困扰（Easterly，2001）。原因是多方面的，主要与转型策略的差异有关。

首先，其他社会主义国家和许多发展中国家遵循了受新自由主义启发，以推动私有化、市场化和自由化为己任的华盛顿共识。这一战略的立论观点认为：社会主义国家和其他发展中国家发展失利是因为政府过度干预导致了资源配置不当。基于这一观点，该战略建议，为了改善经济表现，这些社会主义国家和发展中国家应立即消除所有扭曲并结束政府干预，以使市场发挥作用。然而，这些国家的所有扭曲的目的都是保护大规模的资本密集型产业，如果政府立即消除这些扭曲，这些大型产业势必遭遇破产，大量工人将失去工作，而这将会破坏社会和政治稳定。没有社会和政治稳定，经济发展就遭遇到"皮之不存，毛将焉附"的境况。结果，在华盛顿共识的休克疗法改革之后，许多国家为了保住工作岗位而重新引入补贴和保护措施。

此外，这些大型产业大多是基本需求或国防相关的行业。即使在私有化之后，政府仍需继续对其进行补贴，以维持其运营。导致的结果是，无论是出于社会稳定、基本需求还是国防的原因，在私有化、自由化和市场化改革之后，这些国家的政府重新引入了新的补贴和扭曲措施。这些扭曲比已遭取消的显性补贴和保护措施更不合时宜，甚至效率更低。

在私有化之前，企业管理人员是国家雇员，如果遭遇困难，他们会请求政府给予保护和补贴。如果政府提供协助，企业管理人员最多可以增加在职消费。然而，那时候将钱揣入自己的口袋里是腐败行为，会受到惩罚。私有化后，大型企业的业主也会要求补贴。在这种情况下，各类补贴可以轻而易举地变成他们自己的财富，并且他们还会受到激励，继而要求更高的补贴和援助。结果，改革首先引起混乱，之后经济发展停滞、危机频发。

中国在转型过程中努力保持了稳定、动态的经济增长。其主要原因是中国采取了务实的态度。政府为现有部门提供了临时保护和各类补贴以维持稳定。但是，中国政府也放宽和推动了人们进入新的劳动密集型产业和小规模传统产业,这恰恰与中国的比较优势保持一致。过去,政府采取了歧视和压制这些部门的做法。为了使这些劳动密集型产业更具竞争力,中国还需要提供充足的基础设施和良好的营商环境。转型开始时,中国的基础设施极其薄弱。虽然有心改善全国的基础设施,但中国政府缺乏将之付诸实施的财政资源,因此中国设立了经济特区、工业园区和出口加工区,用以在有限数量的区域内改善基础设施。由于保护现有产业需要实施扭曲措施,中国的营商环境非常糟糕。然而,在经济特区和其他经济区,政府消除了所有这些扭曲。此外,政府还为经济特区或工业园区的企业提供一站式服务和其他激励措施。因此,符合中国比较优势的新兴产业迅速成为中国的竞争优势。

正是基于这些原因,中国在过去40年中保持稳定,实现了强劲增长。随着中国不断壮大和资本的不断积累,比较优势逐渐从劳动密集型产业升级为资本密集型产业。在升级过程中,中国可以从后发优势中受益。

中国为它的成功付出了多少代价?

尽管中国在过去40年转型期的经济表现非同寻常,但中国也为其成功付出了非常高昂的代价。环境恶化和食品安全问题招致公众不满,而且这也是快速工业化和缺乏适当监管的后果。此外，转型期间的主要问题是普遍存在的腐败和收入差距的加剧。1978 年以前，中国的官僚体制比较规范、廉洁，中国社会也是一个平均主义的社会。根据透明国际公布的清廉指数，2016 年中国在 176 个国家或地区中排名第 79 位；而根据国家统计局的测算和多位学者的研究，2000 年以后中国的基尼系数已经超过 0.45，高于国际警戒线（Li and Sicular，2014）。这些问题与中国务实的双轨制转型战略有关。

一方面，政府对资本密集型老行业中没有生存能力的国有企业提供了临时性保护和补贴，以维持稳定；另一方面，则放开和推动新的劳动力密集型产业的准入，这些产业符合中国比较优势，可以实现动态增长。对于老的资本密集型产业而言，投资和运营的最重要成本之一就是资本成本。在 1978 年开始转型之前，政府运用财政拨款来支付投资款和营运资金，因此国有企业不必承担任何资本成本；转型后，财政拨款由银行贷款取代。中国政府设立了四大国有银行和一个股票市场，用以满足大企业的资金需求。为了补贴国有企业，利率和资本成本都遭到人为压低。

转型开始时，中国几乎所有企业都是国有性质。随着双轨制转型，私营企业开始不断壮大，其中一些企业规模大到可以申请银行贷款或在股票市场上市。由于利率和资本成本遭到人为压低，谁可以从银行借款或在股市上市，谁就能获得变相补贴。这些补贴是以个人家庭在银行或股票市场上的低回报为代价的。那些提供资金的人比他们资助的大公司的所有者更穷。穷人对富人公司运营的补贴是收入差距扩大的原因之一。此外，银行贷款和股票市场的准入会产生寻租空间，导致掌握市场准入审批权限的官员受贿和腐败。

同样，在 1979 年之前，大型国有矿业公司运营自然资源开采业务时无须支付特许经营费，并会以极低的价格向其他国有企业提供产出。中国政府于 1983 年允许私营企业进入采矿业，并于 1993 年放开对产出价格的控制。特许经营费和产出税保持在较低水平，这一措施也是为了补偿国有矿业企业雇用冗余工人和支付退休工人养老金的社会政策负担（Lin and Tan，1999）。新成立的私营矿业公司不存在此类负担，获得特许经营权让它们的所有者一夜暴富，这也成为收入不平等和腐败的根源之一。

此外，一些自然垄断行业，如电力和电信业，都由国有企业经营。政府逐步放开了这些行业的准入。这些垄断租金也是不平等和腐败的根源。

为解决腐败问题，中国推动了反腐斗争。然而，腐败蔓延的根源是双轨制转型扭曲产生的租金，这一措施保护和补贴了那些不具备比较优势的资本密集型行业的大型国有企业。在 20 世纪八九十年代，中国是一个贫穷的国家，资本稀缺，经过 40 年的经济高速增长，资本变得相对充裕，中国的比较优势也随之形成。许多资本密集型产业从挑战中国的比较优势转向与中国的比较优势保持一致。其结果就是，这些行业的公司提高了生存能力，只要它们拥有良好的管理，就能在国内和全球市场上具有竞争力和盈利能力。对受援企业的补贴和保护的性质从提供必要的生产资料转变为纯粹的租金。

消除所有剩余的扭曲和保护措施，完成向运作良好的市场经济的过渡，并消除腐败和收入差距的根源，这一点在过去和现在都是势在必行的举措。事实上，这也正是 2013 年中国共产党十八届三中全会通过的《中共中央关于全面深化改革若干重大问题的决定》的初衷。

中国经验对其他发展中国家的启示是什么？

中国的发展经验对其他发展中国家有何启示？本章的分析表明，首先，如果每个发展中国家根据其比较优势发展其经济，它们都有可能在 30 年或更长时期内实现动态和持续增长，并有可能消除贫困和致富。借助市场经济中的政府推动，各国可以将比较优势转化为竞争优势。有竞争力的行业可以保持盈利，积累资本，参与产业升级，挖掘潜在的后发优势，使其经济增速远高于高收入国家，如同过去 40 年中国经历的情况一样，在几十年中保持着 7% 或更高的增长率。尽管每个国家都有实现经济增长的潜力，但需要有正确的发展战略才能充分挖掘潜力。

其次，大多数国家从以前的干预活动中继承了许多扭曲措施。这些扭曲措施导致了资源分配不当和寻租。消除这些扭曲措施是人心所向，大势所趋。然而，扭曲的存在必定有其原因，而且从经济角度来看，很大程度上是内生的。除非先消除扭曲措施存在的原因，否则试图消除扭曲措施可能适得其反，弊大于利。因此，一个着手改革的国家应该像中国过去 30 年那样，务实地采用暂时性和过渡性保护手段。

谨慎放开新部门的准入，放开国家的比较优势，放开政府推动这些部门增长发展的活动，可以使其实现动态增长并保持稳定，同时为消除扭曲做好准备。对发展中国家具有重要价值的建议就是：根据一个国家不断演化的比较优势，采取循序渐进的务实方法。

同时，转型本身也需要保持务实态度。转型的最终目标是建立一个运行良好的市场经济体系，但这应该是一个由政府管理的过程，同时关注各行各业的需求，为它们提供商机。

本章的分析表明，审视发展中国家的实际情况，并根据它们的经历发展出新的思想和理论认识是非常重要的步骤。近年来，针对结构主义和新自由主义的弱点，我向诸位推荐新结构经济学，这是从中国和其他发展中国家发展和转型的经验教训中总结出来的理论。从新结构经济学的角度看，中国大获成功的秘诀在于将"看不见的手"和"看得见的手"并用，形成了市场和国家功能的有机融合、互补，二者相得益彰。一个国家归纳出来的理论能否适用于另一个国家,取决于这些国家的先决条件的相似性。我希望新结构经济学能为发展中国家克服前进道路上的挑战提供有益的见解。

参考文献

Easterly, William, 2001. "The Lost Decades: Developing Countries' Stagnation in Spite of Policy Reform 1980–1998," *Journal of Economic Growth*. 6: 135–57.

Li, S. and T. Sicular, 2014. "The Distribution of Household Income in China: Inequality, Poverty and Policies," *China Quarterly*. 217: 1–41.

Lin, Justin Yifu, 2009. *Economic Development and Transition: Thought, Strategy, and Viability*. Cambridge, UK: Cambridge University Press.

Lin, Justin Yifu, 2012a. *Demystifying the Chinese Economy*. Cambridge, UK: Cambridge University Press.

Lin, Justin Yifu, 2012b. *New Structural Economics: A Framework for Rethinking Development and Policy*. Washington, DC: World Bank.

Lin, Justin Yifu and Guofu Tan, 1999. "Policy Burdens, Accountability, and the Soft Budget Constraint," *American*

Economic Review: Papers and Proceedings. 89: 426–31.

World Bank (on behalf of the Commission on Growth and Development), 2008. *The Growth Report: Strategies for Sustained Growth and Inclusive Development.* Washington, DC: World Bank.

第 2 章
中国在世界经济中的表现和前景

扬·什维纳尔

中国在过去 40 年间的经济崛起真正堪称现象级。虽然在 1978 年改革之初,中国据估算仅占世界国民总收入(GNI)的 2%(以当前汇率衡量,见图 2.1),但到 2018 年,其占比已达到 16%(见图 2.2)。美国的同期占比则从 25% 略降至 24%,而欧盟的占比则从 29% 骤降至 22%,日本的占比则从 11% 降至 6%。[①] 中国目前是世界第二大经济体,而按购买力平价衡量,其 GDP 在 2014 年已超过美国。现代历史上没有其他大型经济体能够如中国一样在如此长的时间里保持如此快的增长速度。

如何解释中国自 1978 年以来的快速增长呢?其必要条件之一是一位对基本经济改革具有远见卓识的新型政治领导人的崛起,他就是邓小平。

---

① 欧盟和日本的世界国民总收入占比急剧下降,是现代历史上"领先经济体"下降幅度最大的两个案例。

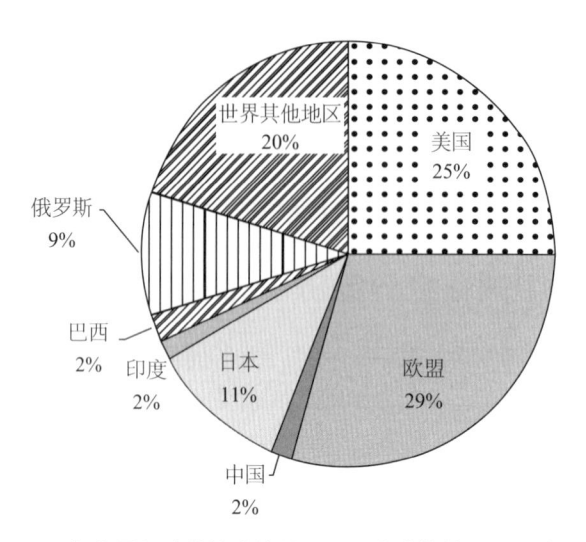

图 2.1　1978 年世界经济结构（按美元和现价计算的国民总收入百分比）

资料来源：世界发展指标（WDI）数据集和麦迪逊项目数据库（俄罗斯部分）。

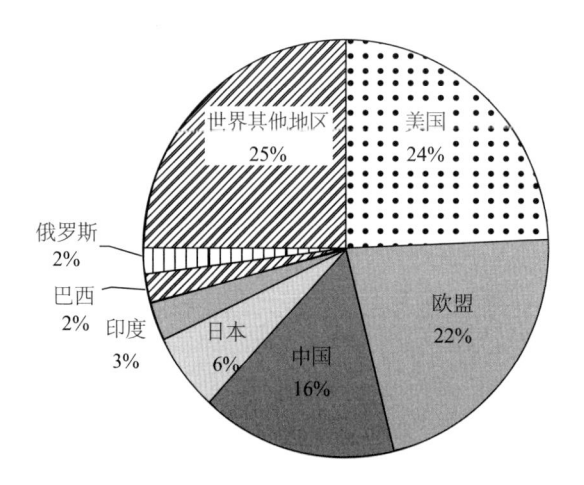

图 2.2　2018 年世界经济结构（按美元和现价计算的国民总收入百分比）

资料来源：世界发展指标（WDI）数据集。

在支撑经济快速增长的诸多因素中，首先要考虑的是中国发展底子薄弱的事实。虽然中国在 19 世纪初曾是世界上最先进的经济体（见图 2.3），但它经历了长期的经济停滞，在遭遇了与西方国家的冲突和反日本侵略、内战以及 1949 年之后代价高昂的经济和社会实验，即"大跃进"和"文化大革命"后更是每况愈下。自 1978 年以来，中国一直保持着中央集权的政治制度，同时实施了有效的经济改革，引入市场经济体制，不断下放经济权力，实现了经济的快速增长。

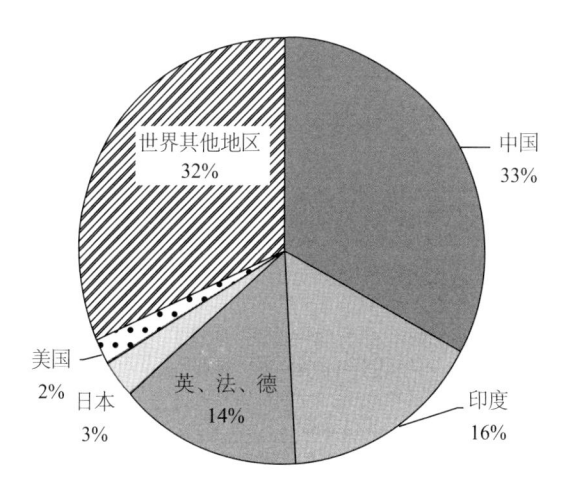

图 2.3　全球经济的历史还是未来？1820 年各国在全球 GDP 中的占比

本书中，林毅夫和其他作者讨论了改革的本质。从结构上讲，中国通过将劳动力从生产力低下的农业重新分配到生产力更高的工业，随后再分配到服务业，成功地提高了全要素生产率，维持了较高资本积累率、技术和专有技术转让率以及创新率（包括对研发的投资），通过基础设施建设和建立更快捷的运输系统，大幅统一了分散的内部市场，[①]并充分利用强劲的外需，放宽对外贸易限制。[②]最近，中国也开始放开并进一步发展其金融市场。

主要挑战

随着时间的推移，中国的经济增速开始放缓，特别是GDP增长率已从改革前20年中官方报告的9%~12%的平均水平下降到21世纪前10年的7%~8%和之后10年的6%~7%。虽然一些观察家认为增长率这一非周期性的放缓是一个警示信号，但对于一个从低收入水平转变为中等收入水平的大型经济体来说，这并非完全出乎意料。在撰写本章时，受新冠疫情影响，中国的经济活动正在大幅减少，中国和全球经济将如何摆脱这次疫情的影响尚有待观察。

在整个1978—2019年的改革期间，无论是在20世纪90年代的亚洲金融危机还是2007年开始的大衰退期间，中国都成功采用财政扩张措施避免了经济衰退。在疫情之前，虽然当时处于中美经贸争端和包括欧洲在内的世界范围内保护主义兴起的背景下，中国官方公布的GDP增长率仍出奇地保持稳定（2018年为6.6%）。此外，2019年的GDP增长率估计在

[①] 中国实现了与欧盟类似（但更隐蔽）的内部市场的真正统一。
[②] 自从2001年加入世界贸易组织后，中国从中获益颇多。

6%~6.5% 之间。① 在此背景下，值得注意的一点是，尽管中国主导着世界贸易，但它并没有像许多分析师和政策制定者预期的那样向世界贸易敞开大门，因为最近几年，商品和服务进口在中国 GDP 中的占比实际上一直在下降。最近中国对美国市场出口机会减少，这显然对其出口导向型经济构成了严重挑战，但正如阿尔温德·帕纳格里亚在本书第 9 章中指出的那样，这同样也提供了机遇，例如在印度和中国这两个快速增长的国家之间建立起更为开放的贸易关系。

中国一直忙于应对其结构性挑战，这些挑战包括消费率相对较低、许多国有企业效率低下、金融部门效率低下且脆弱、企业和省级政府债务水平高、多个行业产能持续过剩、汇率制度改革未完成等问题。而工资水平上涨、人口老龄化和顽固的官僚主义繁文缛节更是加剧了这些问题。

从更广泛的经济发展角度来看，中国面临的挑战是避免在一些被广泛看好的新兴市场经济体已经发生的情况，即陷入所谓的"中等收入陷阱"。

主要成就

中国的主要成就显然在于其避免了苏联集团所有经济体在柏林墙倒塌后发生的深度"转型衰退"，并保持了长达 40 多年

---

① 2019 年中国实际 GDP 增长率为 6.1%。——编者注

的快速经济增长。中国在数字技术和人工智能等多个关键领域的快速创新上取得了越来越多的成功。这些进步表明，中国经济中的创业活力和政府支持正在不断增强。

在国际舞台上，中国在 G20（20 国集团）、IMF（国际货币基金组织）、世界银行等众多重要机构中的重要性不断提升。中国也带头创建了诸多新的多边机构，例如亚洲基础设施投资银行和金砖国家开发银行。此外，中国成功将人民币纳入 IMF 特别提款权货币篮子，并以"一带一路"倡议的形式启动了重大的外国投资和援助计划。最后，中国通过开展一系列先进项目，包括 2019 年 12 月发射的嫦娥四号实现在月球背面着陆，获得了全世界对其科研能力的认可和尊重。

未来展望

鉴于中国过往的发展记录，中国有很大机会可以避免落入中等收入陷阱，但需要做出前述改革，即成功解决经贸争端，完善开放的贸易体系并摆脱新冠疫情的影响。中国已经谈判达成多项双边和多边贸易协定，包括中国-东盟自由贸易区、中国-智利自由贸易区和中国-瑞士自由贸易区。中国很可能会朝着这个发展方向取得进一步的发展。①

---

① 截至 2020 年底，中国已与 26 个国家和地区签订了 19 个自由贸易协定，其中包括加入全球最大的自由贸易区 RCEP（区域全面经济伙伴关系协定）。——编者注

中国日益融入全球经济，还体现在持续披露更多经济方面的信息。在将人民币纳入 IMF 特别提款权货币篮子时，中国提供了有关其 2015 年外汇储备相关信息，就是一个很好的例子。

中国在先进技术开发方面的投资非常成功，中国的百度、阿里巴巴和腾讯等公司在世界范围内获得广泛认可，被视为技术领域的世界领导者。紧随其后的是大量独角兽企业，其中许多是由这三家公司所创立或控制的。除了参与全球竞争之外，中国的一些科技公司还一直处于发达经济体战略考量的核心位置。一个典型的案例是华为，它是中国首屈一指的 5G（第五代移动通信技术）计算机和电话网络的电信开发商和生产商。鉴于 5G 正在成为大多数现代技术及其民用和军事应用的支柱，内容涵盖虚拟现实技术、人工智能工具、传感器、机器人和自动驾驶交通工具等，许多国家仍在开展关于是否允许中国公司生产和控制下一代网络的战略讨论。简而言之，对于网络控制权的竞争可能是即将到来的全球经济和政治发展的关键特征之一。

总体而言，我们要认识到，即使中国避免了大部分问题，包括新冠疫情所导致的一场旷日持久的危机，其经济增长也可能会出现减速，就像"亚洲四小龙"曾经历的那样。关键的一点就是要避免陷入长期停滞和缓慢增长，这种情况在过去 30 年间始终困扰着日本这个早期的经济巨头。

第 3 章
国家在经济增长过程中的作用

雅各布·卢

在过去 50 年的多数时间里,美中之间的经济交往反映出,中国渴望向美国学习,而且中国在许多方面都希望变得更像美国,以期实现经济增长和消除贫困。伴随着对美中两国不同制度的公开讨论,人们始终清楚地认识到一点,那就是中国踏上了从发展中经济体向发达经济体发展的道路,并希望成为全球经济事务的全面参与者,在国际经济制度的治理中越来越多地发挥领导作用。"向美国学习"可能是对美国的恭维,更多的则是中国渴望建立起一套充满竞争力且可持续发展的成功经济发展模式。令人困惑的是,在过去几年里——包括在学者、商人和公职人员之间的对话中——这个问题变成了:"我们(中国)真的想变得更像你(美国)吗?"

在过去的 75 年里，美国的全球领导地位不仅来自其强大的军事力量，更来自其他国家想要竞相效仿的经济发展模式。在西方世界民粹主义引发政治动荡和经济失调失控扩大的背景下，不难看到有些人会质疑美国模式是否就一定是放之四海而皆准的发展模式。不过，过度解读一时的政治形势是错误的。历史终将证明这些趋势究竟是暂时情况还是发展的转折点，而这在很大程度上取决于未来几年美国和西方世界的政策走向。

在接受这种转变是必然结果之前，重要的一点是要擦亮双眼，了解历史甚至当前的情势，并提防修正主义和必胜心态。随着此次重构的发生，这两种情形均有出现。一些美国观察家对目前的政治气候以及看似无力调动美国的政治意愿来应对严峻挑战——他们眨眼之间就举旗投降——感到很沮丧。相反，一些中国观察者看到的是短暂的机遇，那就是中国有可能与美国角色互换，成为国际秩序甚至自由贸易的捍卫者。而他们在匆忙之间往往忽视了与这种重新定位前后矛盾的过去和当前的种种举措。

中国在过去 25 年的经济增长记录引人瞩目。无论是脱贫还是技术和制造业领域先进水平的实现，都反映了中国的快速崛起。与此同时，快速的技术变革已经彻底改变了世界各地的工作场所，对于那些被变革打乱生活的人而言，全球化和技术变革已融入他们对世界的认知。科技或许能解释这种变革带来的大多数破坏，但随着中国崛起成为世界上最大的两个经济体之一，中国也开始成为一些老牌发达经济体中的工人在全球化时代所面临的威胁。以经济民族主义为表现形式的反弹值得我们认真反思，但中国那些创造了"不公平优势"而非比较优势的做法也同样值得我们认真反思。

在中国以可持续和健康的速度增长时，包括美国在内的整个世界会更加安全、更加繁荣，如此一来，中国既满足了本国人民对经济发展的需求，也履行了其作为两个世界最大经济体之一所肩负的日益增长的全球管理责任。但要实现这些目标，还需要开展进一步的改革，而且如过去一样，这些改革应该在中国独特的政治和文化传统的背景下继续推动中国走向更加开放的市场方向。

这个由哥伦比亚大学和清华大学合作的项目关注政府在经济发展中发挥的作用，我将通过这个视角来考虑让我产生以上观点的诸多要素。我将探讨政府在经济管理方面的四个核心职责。其一，宏观经济政策，政府通过宏观经济政策来塑造经济增长的基础。其二，法律制度的力量，这决定了私人主体是否对他们的财产权利（包括知识产权）会得到保护充满信心。其三，对公共物品的投资，这对经济实现繁荣发展而言必不可少。其中包括：培养具备必要技能并受过良好教育的劳动力；投资于基础研究以保持科技前沿地位；建设基础设施，以有效地运送人员和货物。其四，通过环境保护或消费者保护、审慎的财务举措，或者一系列其他解决方案，管理市场通常无法充分评估或进行有效管理的外部经济因素。

宏观经济政策

在过去的 75 年里，美国一直是经济韧性最强的发达经济体，甚至从 2007—2008 年的金融危机和随后的大衰退中重回正轨的速度也比其他发达经济体更快。美国采取了一系列财政刺激措施，包括减税和减少政府支出、从未完全回撤的货币政策以及金融体系的重大改革。美国本可以采取规模更大、期限更长的财政应对措施，而这本可以减轻美联储使用货币工具带来的部分负担，但最终，美国的选择使得其复苏速度比其他发达国家更快，创造的就业机会也更多。

虽然复苏本身就意味着一场胜利，但人们非常担心复苏未能以同等的力度影响经济的各个层面，导致许多经济要素跟不上复苏的步伐。例如，在经济衰退之前就增长缓慢的工资从那之后也一直增长缓慢。技能有限的工人更难重新就业，而婴儿潮一代不断老去的人口变化趋势也正在不断放大劳动力中身体健全的成年人所占比例的下降。

即使经济模式很健全，政策制定者们也必须在这一经济体系内做出合理的决策，而今天美国的问题并非经济模式，而是在政治过程中产生有效政策的能力。有一些明确的解决方案得到了民主、共和两党的广泛支持，还可以减轻一些对收入不平等问题最严重的批评。加大对培训和学徒计划的投资将使许多处于观望状态的人重返劳动力市场；基础设施计划将为未来的经济增长奠定基础，同时还能创造良好的中产阶级就业机会，并为许多人提供获得或使用重要技能的机会；加强对儿童保育照管的支持将减轻那些自感落后的家庭的负担。这些解决方案完全处于我们的经济体系力所能及的范围内，问题在于政策制定者的优先事项以及反对党对具有广泛吸引力政策达成妥协的能力。

在特朗普政府早期，美国转向扩大财政赤字的税收政策，从而将额外的负担转移给下一代；同时，其分配减税收益的方式既无法增加长期投资，又会加剧而不是减少不平等；面对那些因快速变化的经济而自感落后的工人出现的合理焦虑，特朗普政府并没有为那些能够解决问题的各种举措留下财政空间。我强烈反对这些决定，但我也认为这是一种被错用的政策，随着时间的推移是可以而且未来肯定会得到纠正的。随着赤字飙升、严重经济后果越来越明显，以及政治钟摆发生逆转，20世纪80年代和21世纪初期实行的类似举措在随后的几年中开始重新出现。这种不合时宜的财政刺激政策的冒险实验产生了短期的经济刺激，就像火上浇油，火苗乍起，但随之而来的可能是利率上升、经济降温、债务飙升以及难以为关键服务提供资金。这也是为什么需要重新审视美国当前政策的原因，宜早不宜迟，但我不会因为一轮糟糕的决定就给经济模型"画红叉"。美国经济过去75年的发展记录支持了一种观点，即GDP长期增长趋势具有经济韧性，而政治风向转变的历史表明，失败的政策都无法长久持续。

话题转到中国，在全球经济危机期间，在世界急需协调一致的宏观经济刺激措施的时候，中国采取了加大支出的政策来帮助推动全球需求。这有助于维持中国的较高经济增长率，同时助推全球经济活动。与此同时，中国继续增加其外汇储备，特别是实现人民币对美元贬值，大幅提升钢铁、铝、混凝土等领域的工业产能，同时不淘汰老旧工厂，从而带来了产能过剩这个迫在眉睫的发展问题。这一切的结果是紧张局势加剧，因为汇率变化使得美国从中国进口的商品比美国的本土制成品更具竞争力，而且产能过剩扭曲了全球市场。

2013—2017年我在美国财政部工作时，我们在处理这些问题上取得了重大进展，并敦促中国进行改革，这些改革应推动中国朝着更加市场化的方向前进。我们向中方表示，货币疲软会降低国内购买力，使不断壮大的中产阶级在增加消费的同时更加难以为以后的退休进行储蓄；而各类补贴和产能过剩扭曲了经济信号，这将不可避免地导致经济增速慢于市场驱动型决策。从2013年中共十八届三中全会报告发布开始，已经出现了一些重要迹象，表明中国原则上接受了提高市场力量在经济中的影响的建议。2015年，中国采取了更加市场化的新汇率政策，并最终导致出现削减外汇储备以捍卫人民币（币值）的政策，这一点意义重大。虽然此次干预的目的是限制资本外流和货币投机，但这一变化有助于使人民币币值更接近市场汇率，并提高中国消费者的购买力，同时减少中美双边关系中的一个主要摩擦因素。自此，货币不再是美中关系中的主要问题；当它变得尖锐时，现任美国政府（特朗普政府）的依据主要是过去的政策。

钢铁、铝和混凝土的过剩产能有可能成为与汇率操纵一样的争议来源，裁员带来的经济负担将不可避免地落到极有必要关闭的国有企业和工人身上。关闭低效和污染严重的工厂所带来的环境效益和长期经济效益将得到社会的广泛共享，计划的调整必须得到中央政府的支持。这种变化对任何制度而言都困难重重。我曾在很多场合指出，中国可以参考匹兹堡的模式，即通过在教育、技术和生物医学研究方面的投资推动经济振兴；或底特律的模式，即延长经济基础多元化过程，但这样需要耗费几十年的时间才能等到经济振兴。

在双边紧张局势方面，经过多年的货币竞争，全球产能过剩问题使得即使是现代化且高效的美国钢铁厂也难以在受困于供过于求问题的全球市场中竞争，这也是许多钢铁生产国面临的共同问题。虽然单边关税可能会缓解美国钢铁工人的沮丧情绪，但这些措施并不能真正解决问题。问题的答案不应该是退出国际规范，而应当是通过多边和双边谈判来推动问题的进展。2016 年，中国不再否认存在产能过剩问题，转而承诺减少产能，这就是朝着正确方向迈出的一步。中国还同意遵循 G20 提出的进程来监控过剩产能。这些措施可能不代表问题的完整解决方案，但它们都有助于解决问题。持续的、看得见的进展可以恢复国际大宗商品市场的平衡，随着时间的推移，也将减轻不明智贸易战带来的压力。

展望未来，中国进一步推进市场改革可以增强经济并缓解国际紧张局势。除产能过剩之外，改革还应限制将资本引向重工业和国有企业的各类补贴，这些补贴既是一种不公平的贸易优势，也是新兴中国企业的负担；中国市场应对不断增加的外国投资以及商品和服务的进口更加开放。虽然管理短期的破坏性将成为一项挑战，但持续的市场化改革将有助于塑造中国更强大的未来，代表着与贸易战相反的前进方向。

法治

美国的法治和产权保护创造了一个促进创新和创业的环境。发明家和创作者几乎绝对相信，他们创造的价值（包括知识产权）通过版权和专利的保护将安全无比，因为法律体系可确保在发生争议时进行中立的事实调查和裁决。诚然，我们也面临挑战，例如无论是在制药领域还是技术领域的反垄断问题和公平市场定价问题，但同样我们的法律体系也在应对这些恶劣行为。如果法律不完善，在令人愤怒的行为引起了强烈的公众反应时，人们可以修订法律。总体而言，在促进经济创新和增长方面，强有力的产权保护法律体系一直是美国成为创新领导者的强大动力。

近年来，中国在建立保护知识产权的法律架构、创建和扩展应对版权和专利诉讼的法院方面取得了进展。但在中国加入世贸组织后的大部分时间里，情况并非如此，这也是中国在推动技术发展、形成自身领导地位方面发展缓慢的原因之一。这方面的进步一直是中国不断增长的力量源泉，持续的进步将在未来几十年中让中国受益匪浅。从人工智能投资到机器人技术，中国的本土创新能力正在大幅增强，有许多衡量标准可以衡量中国的进步，但中国的转型尚未完成。中国仍然将目光放在从国外购买美国和其他发达国家所开发的技术上。围绕是否存在知识产权盗窃问题的紧张局势现在已经开始针对技术收购，同时还有将开放进口商品市场与共享专有设计和软件秘密联系起来的做法，不仅在美国，在欧洲也是如此。进一步保护产权将有助于中国继续走上成为自主创新领导者的道路；允许外国商品和服务进入中国，同时外国企业不必承担丧失高价值知识产权的压力，将使中国继续获得世界上最好的产品。

从美中双边的角度来看，与强调短期贸易平衡相比，那些可推动中国向知识产权获得充分保护的国家看齐的长期改革则更为重要。这也是继续学习美国举措将有助于中国实现核心战略目标的另一个领域。

公共产品投资和外部经济因素管理

自 19 世纪起，美国断断续续地采取了投资和保护公共产品与共同利益的政策。政府拨地有助于为国家铁路网和公共高等教育机构提供资金支持；联邦法律保护消费者和工人免受有害产品和工作条件的侵害；对空气和水的保护成为国家优先事项。在公共支出方面，普及公共教育、大规模的公共研发投资和对州际公路系统等基础设施的投资有助于建立具有强大韧性和强大增长能力的经济。将过去已被证明非常成功的投资政策弃如敝屣无疑是自寻死路。对当前状况（例如教育质量和研发质量）的简要梳理表明，按照市场标准，我们仍然是世界领先者，这一点从全球对美国高等教育机构录取名额的强大需求就可见一斑。但是，我们在进行关键投资时不能停留得太久。

我们需要做得更好。不尽如人意的桥梁和港口无法成为经济增长的坚实基础；缺乏适合现代经济技能的劳动力只会更加强化工人阶级和中产阶级无法获得更多机会的感觉。如果我们暂停哪怕十年时间的研发投资，其他国家就会迅速进入，填补空白。好消息是我们知道如何做到这一点，并且在很长一段时间内都做得很好。我们需要恢复对公共管理机构的信心，让纳税人对公共投资的价值更有信心。虽然这个问题可能需要数年时间才能解决，但需要强调的是，这是一个政治问题，而不是经济体系本身的问题。

消费者和工人保护以及健康和环境保护措施有助于解决市场本身无法解决的外部经济因素问题，即使我们有时候退后一步，美国数十年来取得的进步也不会被抹去。正如我们之前所看到的，当政治钟摆向另一个方向摆动时，我们就可以收复失地。鉴于现代环境挑战的跨国性质，如果世界继续在气候变化等问题上向前推进，美国不太可能在短时间内落后太多，特别是因为在联邦政策之外，其他关键参与者如州政府和地方政府甚至私营部门也可以继续取得进展。

近几十年来，中国在基础设施建设的范围和规模以及就业和培训人数方面取得了重大成就。在过去几年中，为了推进在关键技术领域建立领导地位的目标，中国的投资呈现出爆炸式增长。但中国的发展业绩记录并不完美。从铁路到住房，中国建设了大量基础设施，现在呈现出供大于求的状况；在国内和国际上，不利的环境影响已被视为实现发展的必要成本。当一条铁路线路运行所承载的乘客数量远远低于其设计容量时，或者一个住房开发项目——或社区——成为事实上的"鬼城"时，经济和环境代价就会由此产生。集中分配资源从时间角度看拥有很高的效率，相关决策可以得到快速执行，但如果没有市场信号的警示或政治问责机制的存在，人们很容易犯下代价高昂的错误。这在很大程度上取决于中央政府的规划者是否能在快速变化的经济和技术环境中挑选出真正的赢家。中国有力展示了雄心壮志和战略性考量对于塑造经济计划带来的威力，特别是在一个能够相对较快地贯彻执行的政治体系中。但也应该警惕不要制造潜在泡沫或对缺乏持久价值的投资项目进行过度投资。

解决环境问题在过去几十年来始终被认为是不适合中国增长模式或其发展阶段的奢侈品。近年来，公众的关注，尤其是对空气质量的关注，迫使全社会更加认真地对待这个问题，并且现在解决环境问题的需求也以不同的方式纳入经济学演算之中。美中两国共同推动巴黎气候进程取得成功，这也是美中关系的一个积极转变，而重要的一点是中国应该始终是这一全球努力的一部分。

不幸的是，美国已正式退出《巴黎协定》。但幸运的是，在州和地方层面以及私营部门中，人们仍然非常关注气候变化，这就是为什么即使联邦政策在气候变化议题上有所后退，相关进展仍未停止。中国如果遵循美国过去 40 年而不是过去两年的政策遗产则是明智之举，因为只有通过拆除陈旧高污染设施，转而替换为更新和更清洁的设施，中国才能解决其人民的健康问题并同时保持良好的长期经济增长轨迹。

虽然这样做可能带来信贷泡沫问题、公共资本分配效率低下和经济利益损失，或者不愿意承受关闭或净化高度污染设施所造成的麻烦，但在环保问题上过长的等待会拖累持续繁荣。市场机制和公众反馈是提醒决策者注意未来问题的有力信号。尽管美国的政策出现反复，但在这个领域美国经验仍可为中国实现正确平衡提供有益的指导。

结论

总体而言，美国模式一直是帮助中国和许多其他发展中经济体取得快速进步的指路灯。与过去一样，我们也面临当代的挑战，但通过当前政治环境的视角改写历史无疑是错误的行为。即使今天的美国可能无法在某些领域达到自己的传统标准，美国面临的挑战是如何重回正轨，而不是抹杀或无视过去的成就。同时中国必须认识到，起码在美国人眼里，在某些重要方面，中国自己的行为也增加了国际紧张，并加剧了民粹主义和经济民族主义的呼声。对中国而言，坚持市场化改革的道路，就有望产生更持续的繁荣和增长。虽然美国或欧洲的右翼和左翼民粹主义尚未自然而然地结束，但长期的民主传统让我充满希望，那就是钟摆将会摆回，这个质疑美国制度模式价值的时刻将是暂时的，而不会成为拐点。

本文于 2019 年 3 月 22 日发表于北京大学

第4章
对全球金融危机的反思：中美政策比较

宋敏

前言

  2018年是全球金融危机爆发十周年。十年前，全球金融危机始于美国次级房贷市场的一场危机，然后波及整个美国经济和金融体系。美国金融和经济风险通过全球金融市场、国际贸易和投资的联系，进一步向欧洲、日本等主要经济体以及大多数新兴经济体蔓延。中国作为最大的新兴经济体，也未能逃脱危机的负面影响。

  随着危机蔓延全球，美国、中国和其他主要经济体都迅速采取了各种救市和刺激政策。在美国，政府迅速向金融市场注入流动性，救助系统重要的金融机构，这也有效遏制了金融机构债务链可能引发的连锁反应，稳定了金融市场。美联储进一步将联邦基金利率下调至接近于零，并启动了三轮量化宽松，即购买各种长期债券，包括抵押支持证券和公司债券，这有助于提高债券价格并降低长期利率。日本和欧洲甚至推出负名义利率政策，以促进经济流动性。中国在面对危机对其贸易部门的巨大冲击时，推出了最大的经济刺激方案之一，即所谓的 4 万亿投资计划，帮助稳定了中国经济。总的来说，不同国家在应对全球金融和经济危机时采取了前所未有的创新政策，与 20 世纪 30 年代的"大萧条"相比，此次危机被称为"大衰退"。

本章回顾了此次全球金融危机的成因、过程和政策应对，重点是对中美应对政策进行比较。笔者首先回顾了这两大经济体中危机出现的经济背景，然后分析了两国危机的成因。此外，笔者对比了两国政府的政策应对，论证了两国采取的不同政策深深植根于它们的经济和政治制度。换言之，美国的救市政策和中国的刺激政策都内生于各自制度结构，它们也有效地使两国经济摆脱了大衰退，实现了经济复苏。然而，由于两国都依赖短期救市和刺激政策来应对金融危机，双方固有的长期结构性问题未能得到解决。相反，这些政策延续甚至加剧了美国的收入不平等和中国的产能过剩等结构性问题。

想要进行反思，从导致全球金融危机及其后果的错误中吸取教训，我们必须了解危机是如何发生的，应对冲击的政策是如何实施的，以及危机和政策的后果。这可以帮助我们更好地了解世界经济面临的种种困难，并为迎接未来的挑战做好准备。希望中美两国能够更好地了解彼此的政策框架，从而减少贸易争端、技术转让等方面的冲突。两国可以携手加强本国经济并为世界经济增长贡献自己的力量。

中美经济背景迥然不同

2008年全球金融危机爆发前，美国经济正处于低利率环境中。这一低利率政策是为了应对21世纪初期科技股泡沫破裂的问题。2001年初，美联储将联邦基金利率下调了50个基点，随后又将该利率下调了13次，直到2003年降至1%，这也是数十年来的最低水平。抵押贷款利率也大大降低，在2003年达到3.8%。一方面，较低的抵押贷款利率和繁荣的抵押支持证券市场导致房价快速上涨。1999—2005年，美国住房价格平均上涨了11%，远远超过了同期的GDP增速。另一方面，抵押贷款利率走低有助于提高住房市场的杠杆率，2007年债务占住房价值的比例超过60%。随着优质借款人耗尽，房地产贷款机构开始瞄准次贷借款人，即没有稳定收入和信用记录的借款人。2006年，次级房贷在房贷总量中占比已经高达30%。此外，为规避资本要求和杠杆约束，房地产借贷公司力推抵押支持证券（MBS）、担保债务凭证（CDO）、信贷违约互换

（CDS）等金融创新产品，将违约风险转移给投资银行、保险公司和外国金融机构。不幸的是，金融监管永远都滞后于金融创新。全球金融体系中风险的扩散未能受到有效金融监管的遏制。

中国经济在2007年正处于一个经济周期的高峰期。从2005年第一季度到2007年第二季度，官方报告的GDP增速一直在10%以上，2007年年中更是达到15%。中国经济由强劲的投资和贸易带动，十年间贸易总额以年均20%~30%的速度增长。过热的经济将通货膨胀率带到一个极高水平，消费者价格指数（CPI）上涨了8%，生产者物价指数（PPI）上涨了10%。决策者忧心通胀和经济过热，随即启动了一些紧缩政策。2008年初，中国政府出台了更加谨慎的财政政策，并收紧了货币政策。因此，在全球金融危机冲击其贸易部门之前，中国处于与美国截然不同的状态。

全球金融危机：美国的内生危机和中国的外部冲击

美国金融危机源于其宽松的货币政策和监管。如上一节所述，在金融危机之前，利率走低、金融创新和监管不力导致了房地产泡沫。从2004年6月开始，美联储出于对通胀的担忧，连续17次上调联邦基金利率，从1%调升至2006年7月的5.25%。2006年房地产价格开始下滑。由于抵押贷款利率升高和房价下跌，一些次贷借款人无力支付抵押贷款。2007年7月，次级贷款的不良贷款占房地产贷款总额的比例上升至15%以上，是2005年的3倍多。2007年4月，美国第二大次级贷款公司新世纪金融公司宣布破产，随后房利美和房地美从纽约证券交易所退市，持有5万亿美元债券的投资者因而遭受重创。此外，风险蔓延到贝尔斯登和雷曼兄弟等投资银行。美林、高盛、摩根士丹利和花旗银行也传出负面消息。更重要的是，养老基金、共同基金、商业银行和保险公司持有房利美和房地美发行的70%以上的债券，并因此损失惨重。危机从房地产贷款人蔓延到投资银行、保险公司、养老基金，甚至外国投资者。当几乎所有大型金融机构都遭受巨额亏损时，它们开始减少对企业的贷款，由此产生的流动性危机使得企业融资面临更多困难，进而导致就业岗位减少和市场对经济信心的丧失。2008年，美国GDP增长率为0，2009年降为-2.8%，失业率超过10%。此外，起源于美国的金融危机通过与其他国家的金融和贸易联系蔓延到其他国家。

当金融危机开始影响中国经济时，中国仍在忙于遏制经济过热和通货膨胀。突然间，受外需急剧下降影响，中国出口增速从20%~30%下降到2008年11月的-2.22%，12月下降到-2.93%，2009年1—10月，甚至从-13.92%下降到-25.75%。2005—2007年，净出口额对GDP的贡献率由1.4%降为-1.9%，并在2009年降至-4%。美国金融危机对中国经济的影响主要是通过其对中国贸易部门的影响，因为对外贸易是中国经济快速增长的主要引擎之一。

中美两国的政策干预

美国的扩张性货币政策与金融机构救助

由于美国和中国出现危机的原因不同，两国政府的反应也大不相同。美国金融危机起源于金融体系，波及整个经济，因此美国决策者主要通过货币和财政政策来为其金融体系纾困。由于财政政策通常滞后，因此美国更多地依靠货币政策来应对金融危机。遗憾的是，在金融危机之前，美联储系统过分强调自由市场信条，鼓励金融创新，而低估了房地产泡沫和金融衍生品过度发展对经济的影响。即使在危机变得明显的时候，美联储也坚持将应对通胀作为首要任务，还对房地产泡沫破灭的可能后果及其对金融稳定和经济的影响视而不见。

美国政府在 2008 年秋季意识到次贷危机的严重性后，开始向金融市场注入流动性，启动对系统性重要金融机构的救助，并帮助稳定其金融市场。美联储大幅下调联邦基金利率以期增加市场流动性，而美国财政部则向所谓的"大而不能倒"和具有系统重要性的金融机构注资。2008 年 7 月至 9 月，美国政府开始救助房利美、房地美和美国国际集团。之后，美国政府进一步向美国银行、花旗银行、摩根士丹利和高盛注资约

1940亿美元。截至2009年3月,美联储共提供了近7.7万亿美元的流动性。此外,2008年11月至2013年12月,美联储实施了三轮量化宽松操作,继续为市场提供流动性。在这些救市行动中,美国政府以政府信用替代私人信用,成功增强了市场参与者的信心。

值得注意的是,在利息降至近乎为零仍旧刺激乏力的情况下,美联储创造性地采用非常规货币政策,即所谓的量化宽松,来提供流动性和刺激经济。在传统的利率政策中,美联储通过公开市场购买短期债券来降低短期利率,从而通过利率期限结构将利率改变传递给长期利率。然而,利率政策在危机期间面临以下两个挑战。首先,短期利率难以降至零以下(虽然欧洲和日本创造性地采用负利率来应对其经济问题,但其对经济的影响仍有待观察)。其次,即使在零利率的情况下,金融机构也可能出于对资产负债结构走弱的担忧而减少对企业的贷款。同样,潜在借款人也对自己的资产和负债存在顾虑,因而可能会谨慎借贷。结果,在这场危机中,传统的利率机制失效。量化宽松的逻辑是这样的:当联邦基金利率接近于零时,美联储直接购买长期债券,而这将会推高债券价格,降低长期利率。在扩大资产端的同时,美联储还创造了更大的货币基础,因此有助于平衡其负债端。美联储还大量购入抵押支持证券,向房地产金融市场注入流动性,并协助稳定金融市场。总之,在美国,货币当局反应迅速,防止了金融市场的崩溃。但财政反应缓慢且温和，整体而言没有发挥作用。从历史角度来看，复苏总是相对缓慢。

中国4万亿刺激计划：以内需替代外需

2008年初，正当中国努力打击经济过热和通货膨胀时，次贷危机通过贸易部门传导，骤然袭击了中国。如上所述，中国GDP增速从两位数的水平迅速下降到6%左右，通胀率也从8%大幅下降到3%以下。为应对这一冲击，中国政府立即将其一揽子政策从收缩改为扩张。但是，由于中国遭受的冲击来自国外，其影响导致了出口需求下降，因此应对措施主要是增加投资和扩大国内消费。2008年11月，中国国务院公布了一项4万亿元投资刺激计划。此外，政府还提出向农民提供补贴，并为出口商品提供退税。

4万亿刺激计划不同于传统的货币和财政政策框架，而是深深植根于中国独有的政治和经济结构中。制订刺激计划的决定是由中国最高行政机关国务院，而非中国人民银行或财政部做出的。该决定的制定和实施非常迅速，对经济产生的影响似乎也立竿见影。行动迅速、效果显现迅速的原因如下：（1）中国高度集中的政治体制，使得决策过程一蹴而就；（2）由于地方政府官员以GDP增速作为政绩考核和升迁的标准，投资动力强劲，因此计划实施过程也很迅捷；（3）中国银行体系主要由政府控制，忠实服从上级指示。4万亿刺激计划主要通过国有控股的银行系统实施。例如，2009年，四大国有银行新增贷款4.1万亿元，而13家混合所有制银行新增贷款2.23万亿元。

总而言之，中国的4万亿刺激计划综合了财政政策与对银行贷款体系的直接干预。与美国不同的是，中国的干预决策制定过程一蹴而就，实施过程迅捷无比，无须像美国的货币政策那样经过利率传导机制。两国的政策都植根于各自的政治和经济结构中。它们能够有效应对其各自经济所承受的独特冲击，但也会对两个经济体造成一些负面影响。

救市和刺激政策的积极影响：GDP增长快速恢复

美国的一揽子救市政策和量化宽松政策对稳定金融市场、刺激经济增长起到了积极作用。多项研究表明，量化宽松显著降低了长期利率。美联储前主席伯南克在2012年的一次演讲中表示，前两轮量化宽松或可实现GDP增长3%，就业增加200万人。事实上，美国的GDP增长率从2009年的-2.8%迅速反弹至2010年的2.5%，由此美国成为第一个走出衰退的发达经济体。

中国的GDP增长也经历了类似的变化。中国的GDP增速从2009年第一季度的6.4%反弹至年底的10%以上。与此同时，快速复苏也创造了就业机会。中国对世界经济增长的贡献率从2006年的不到20%上升到2017年的34%，超过美国和欧洲，在世界经济中的地位也有所提升。中国正在进一步推动经济改革和对外开放，并在世界经济中发挥着越来越重要的作用。

救市和刺激政策的负面影响

美国救市和量化宽松的负面影响

虽然人们普遍认为美国的救市和量化宽松政策防止了金融体系的崩溃和通货紧缩，但这些措施未能解决经济中深层次的结构性问题。美国采取的政策至少有以下5个后果：

1. 量化宽松释放出的多数资金并未进入实体经济。首先，美联储统计数据显示，截至2014年底，在三轮量化宽松释放出的3.92万亿美元总金额中，只有约8500亿美元进入金融机构的资产负债表，其余3.07万亿美元在美联储仍显示为银行的超额准备金。其次，金融机构资产负债表数据的提高并未导致企业贷款总额增加。2008—2013年，美国金融机构总资产增加13.8万亿美元，但放贷总额减少3.5万亿美元，降幅为13.5%。最后是金融和房地产市场引领复苏势头，经济状况和劳动力市场相对恢复缓慢。

2. 强化了"大而不能倒"的逻辑。危机期间，大型金融机构获得救助，而许多小型金融机构则纷纷倒闭。

3. 增强了投资者对量化宽松的依赖。辜朝明（Richard Koo）指出，随着经济开始复苏，投资者担忧央行会出售长期债券以收缩其资产负债表。这一举措将提高长期利率，并使金融市场和房地产市场陷入崩溃。事实上，当美联储在2013年6月暗示将结束量化宽松时，美国长期利率迅速上升。为缓解市场焦虑情绪，美联储在2013年9月决定不改变其量化宽松政策。

4. 加剧收入不平等。首先，政府救助了那些本应对此次危机承担责任的金融机构，同时让其他部门和劳动阶层承受痛苦。其次，量化宽松似乎是在帮助金融资产和房地产所有者，并让中低收入家庭承受痛苦。2009—2014年，标准普尔500指数上涨了144%以上。在2007—2010年，最富有的10%的家庭的财富增长了5%，最富有的1%的家庭财富增长更多，而中等收入家庭的财富减少了30%。

5. 家庭去杠杆，政府增杠杆。众所周知，在次级贷款和金融创新产品的推动下，家庭部门的杠杆率一直很高。在金融危机期间，政府通过救市大幅增加了杠杆率。例如，2008年10月，美国国会通过了7000亿美元的一揽子救市计划。2009年2月，国会又通过了7870亿美元的一揽子救市计划。这些举措将美国政府赤字推高到1.42万亿美元，是2008年的三倍多。多年来，这一不断增加的债务在2017年达到20万亿美元以上，对政府的财政政策形成了极大制约。

中国 4 万亿刺激计划的负面影响

毫无疑问，中国的 4 万亿刺激计划对经济产生了立竿见影和非常积极的影响，但我们不能忽视该政策的负面影响。如上所述，中国独特的政治结构和对地方政府官员的考核措施确保了刺激政策的迅速和有效实施，但也导致了过度投资和结构性缺陷。有研究表明，实际投资远高于 4 万亿元，甚至可能超过 30 万亿元。此外，国有银行倾向于向国有企业、地方政府项目或大型私营企业提供贷款。由于这些大公司也面临投资环境恶化问题，因此它们也倾向于将资金转移到金融和房地产市场。低成本的资金也延长了"僵尸公司"的寿命，导致这些公司虽然持续亏损但仍然存活。低成本资金也让一些公司积累了债务，导致地方政府和这些公司的杠杆率很高。此外，对国有企业和大型私营企业的贷款偏好构成了对中小型私营企业的排挤，进一步降低了经济效率。所有这些都加剧了中国的系统性风险，特别是系统性金融风险。

结论和反思

在本章中，笔者从美国和中国的比较视角探讨了十年前全球金融危机的成因、政策反应及其后果，强调了两国金融危机的不同成因。在美国，金融危机是宽松货币政策、过度金融创新和金融监管松懈的结果。在中国，金融危机来自对其贸易部门的外部冲击。两国的政策应对则植根于其政治和经济结构。在美国，政府迅速注入流动性并救助具有系统重要性的金融机构，随后启动了三轮量化宽松。在中国，政府推出了4万亿刺激计划，以鼓励国内投资和消费，弥补净出口的下降。两国GDP的快速复苏表明，这些政策在两国的实施在短期内讲是迅速且卓有成效的。但是，它们都留下了一些长期的结构性问题，例如美国的收入不平等和中国企业和地方政府的高杠杆率。两国如今都在努力应对救市和刺激措施的副作用。在全球金融危机十周年之际，回顾和分析全球金融危机的成因和后果，对于我们了解世界上最大的两个经济体当前面临的挑战非常重要，有助于我们朝着协同合作、解决未来世界经济危机的方向前进。

第 5 章
中国结构性改革：通过再平衡实现强劲的可持续和包容性增长

埃蒂沙姆·艾哈迈德　伊莎贝拉·纽韦格
尼古拉斯·斯特恩　谢春萍

正如中共十九大所表明的，中国正在进入结构性改革的新阶段。引用 Liu（2018）的话来说，这涉及"从高速增长阶段到高质量发展阶段的转变"。在此背景下，中国制定了未来几年的宏观经济、结构、改革和社会政策。中国决意打好的三大攻坚战包括：（1）防范化解金融领域和地方层面的重大风险；（2）开展精准脱贫；（3）污染防治。

在改变以往做法方面，2017 年 12 月举行的中央经济工作会议制订了 2018—2020 年中期结构性改革方案，将这些优先事项转化为实际措施。[1] "三大攻坚战"都与让城市和地方政府在财政上更可持续、包容和清洁有关。预计这些主题也将在"十四五"期间占据重要位置。

传统国际贸易模式所受到的潜在破坏凸显了结构性改革的重要性，因为中国在很大程度上可以使用国内消费来替代部分出口。与"一带一路"倡议相关的互联互通投资开辟了新的贸易模式和价值链，它配合新的内陆中心，可以减轻与贸易冲击和地方债务积累相关的风险。聚焦建设新型清洁城市还可以进一步推动再平衡，转向更可持续的生产和消费模式，以创造可持续的就业机会，并减少不平等。

我们研究了三个广泛行动领域，中国可以在这几个领域取得切实进展，促进经济增长并减少温室气体排放。

1. 创新和人力资源投资；以公平的方式创造和管理工作岗位。

2. 对城市（包括大都市区和新型创新清洁城市）进行结构性改革，促进高科技和服务行业的发展，并与新的、可持续的价值链相联系。

3. 加强地方公共财政，包括税收和治理措施，在降低风险的同时，使城市和地方政府为提供更好的服务和投资承担更多责任，以提高人民生活质量，从而吸引投资，创造就业机会。

结构性改革和财政改革以及创新是中国下一阶段发展战略的关键要素。这些改革既可以与伙伴国家的改革相辅相成，又可以为这些国家提供重要参考,特别是在"一带一路"倡议的背景下。

投资熟练技术工人,实现可持续增长

中国目前正在寻求涉及不同技能和行业的更具可持续性、更清洁的增长模式。根据中国生态环境三年行动计划(2018—2020 年)的目标,中国将逐步淘汰低端低效产能和高污染产能(Liu,2018)。然而,为了应对贸易冲击,最小化调整成本,解决能源供应长期安全问题,逐步淘汰煤炭的计划受到了一定程度的影响。尽管如此,中国政府已经采取行动逐步淘汰小型煤矿,并且已经转向超临界和超超临界燃煤电厂的发展方向,因其与传统的亚临界电厂相比效率高出很多。[2] 中国还努力引入可再生能源,这将有助于中国走在全球气候变化议程的最前沿。例如,中国宣布了一项强制性的可再生能源证书(REC)制度,为可再生能源设定了省级配额(CAT,2019)。中国总体上实现了其规划目标,例如,在 2018 年就实现了 2020 年可再生能源目标的承诺。[3] 但为了达到全球减排目标并降低后发型低碳转型的系统性风险,中国需要加快淘汰老旧污染部门和行业的步伐,转而采用更清洁的创新生产模式。

新的增长模式在服务业、高科技、创新以及可再生能源投资相关的高技能工作上提供了巨大的就业机会。数字经济和人工智能极有可能成为这一变化的核心,因此需要对教育和培训进行强有力的持续投资。事实上,围绕杭州—上海和广州—深圳发展起来的科技中心就依托于其尖端研究型大学和世界一流的基础设施。

粤港澳大湾区包括广州、深圳、珠海,同时联通港澳。在大湾区打造全球最大的硅谷都市区聚集地的计划,重点是发展高科技和金融服务业,并覆盖超过 7000 万人口。鉴于现有基础设施和技能的可用性,虽然这些计划显得雄心勃勃,但显然是可行的,只需要新的制度和财政安排即可,而这也将引领更清洁的高收入集群。然而,广东的收入不平等程度已经非常高,不同城市间的 GDP 和服务提供也存在很大的差距(Ahmad, Niu and Xiao, 2018)。为了重新平衡这种地区间的差距,中国需要在广东内陆建设新的更紧凑的城市中心,以容纳从大湾区迁出的制造业和对技能要求较低的行业。具备前瞻性的气候智能型城市设计可以同时减少地区差距和贫困问题,并产生强劲、高效和可持续的增长。

总部位于杭州的阿里巴巴正在彻底改变消费者与零售互动的方式,包括在偏远的农村地区。不断发展的电子商务有可能大幅降低既耗时又耗能的外出采购的需求,并可以改变内城通勤和供应链。然而,大城市对许多低技能工作的需求将不复存在,这意味着创造适当的替代就业机会将变得至关重要。由阿里巴巴等企业塑造的新供应链使工人和公司更容易落地于更近的人口中心，即使不能彻底扭转，也会在一定程度上减缓人口向受污染严重且拥挤的沿海大城市迁移的趋势。

在北京等其他过度拥挤的大城市，有一项计划是将"非必要"的政府行政部门转移到邻近省份不那么拥挤的地区。该计划利用先进的 IT 技术（信息通信技术）以避免效率的降低，同时可以缓解人口拥挤和城市堵塞，并减少污染。北京的各市辖区，如拥有两所中国超一流大学（北京大学和清华大学）的海淀区，将成为创新中心和科技/商业园区的核心。在英国，政府一直在将"非必要"公务员从伦敦转移到"更便宜"的地区。然而，尽管伦敦确实存在住房压力，但它与包括中国在内的新兴市场国家的城市不同，那就是伦敦不必应对"非正式移民"的挑战，这些"移民"通常来自农村地区，进入城市是为了寻求更好的生活和（无须熟练技能的）就业机会，这会导致在许多大城市出现非法定居点。尽管违法建筑会造成健康和公共安全危害，但找到拆除违法建筑的理由并不容易，因为这样做需要重新安置居民，并在其他地方为他们创造就业机会。

公正转型

中国下一阶段发展所包含的重大结构性转型将导致包括中国东北衰退型城镇和主要都市圈的错位。谨慎地投资和管理这种转型很重要；这一点在中国的"十三五"规划中得到了明确承认并被列为优先事项。中国在 1993（或 1994）—2013 年间减少了 7 亿贫困人口，在 2013—2018 年减少了近 7000 万贫困人口（World Bank，2018）。消除绝对贫困一直是中国政府的首要任务，并且通过教育、培训和创造就业机会，防止家庭和个人陷入贫困。这将涉及改革现有城市的社会政策和就业模式，以及发展提供包容、清洁的环境和可持续的就业机会的新城市。

一个快速增长的经济体可以调整不同产业和部门的就业人口比例，从而避免大量削减某些部门的工作岗位。然而，随着中国经济增速放缓，服务业不断加速转移，部分行业和地区的就业岗位大幅减少在所难免。由此，确保"公正转型"，增强受影响地区的经济韧性就成为重中之重。尽管各类新兴产业所创造的就业岗位可能远多于遭到削减的就业岗位，但仅仅是口头上这样说于事无补，那些从事传统职业的人在转型时期需要新的机会和支持。

清晰的城市发展战略：通过可持续投资促进动态创新

中国正在加快结构调整，大力发展以服务为导向的高科技产业。对城市组织的改革和对基础设施的投资是转型的重要组成部分，能够减少温室气体排放、营造清洁环境。这些投资和改革措施将使中国城市地区的生产力大大提高，有助于吸引和留住高素质人才，并成为推动中国前进的动态创新中心。正如 Liu（2018）所说：

> 这是在开放状态下探索新的发展模式，将为诸多新产业创造巨大的空间，比如与消费升级相关的制造业和服务业，与新型城市化相关的节能建筑、智能交通、新能源等诸多绿色低碳产业。

如何打造新型城市？在过去的 20 年中，中国在包括高速公路、高铁和机场在内的互联互通基础设施方面进行了大量投资。然而，与意大利一样，改善了与欠发达地区的互联互通并不意味着私人投资会自动流向这些地区，也不一定意味着就会创造出可持续的就业机会。对中国而言，过去 20 年的西部大开发战略并未达到预期的效果，主要是因为出口商不得不将货物运往东部沿海城市，并且中国主要国内市场同样位于东部沿海省份，这给位于西部的公司带来了额外的成本。根据西部大开发战略，新型内陆城市中建造了一些新住房，但由于公共服务和就业机会有限，人们不愿意搬家，因此很少有人入住这些新房。

例如，西班牙的情况就说明了确认和管理项目周期后期积累的跨期负债的某些困难。借助未记录在地方政府资产负债表上的 PPP（政府和社会资本合作），西班牙地方政府通过无公共担保的私营公司开展了大量预算外的建设活动。直到2008年金融危机爆发，这些"预算外"负债变成银行的不良贷款时，问题的严重性才得以暴露，导致了公共负债和政府债务的急剧增加（Ahmad等，2016）。因此，如果处理不当，再平衡过程可能会产生金融和财政风险（我们将在下一节进行深入讨论）。

尽管如此，由于两个主要原因，中国新内陆城市的发展前景在近几年发生了巨大的向好变化。第一个原因是"一带一路"倡议为中国内陆和西部地区货物的出口提供了便利，这些地区的公司无须经过东部沿海枢纽，可以直接向欧洲、南亚、中东和非洲市场出口。其结果是消除或显著减少了之前曾阻碍西部企业发展的成本差异。一个例子就是中哈边境霍尔果斯港的发展，其资金主要来自东部省份江苏省的公司。

第二个原因是信息和通信技术的巨大进步，使得消费者与供应商之间以及公司与公司之间能够以非常快速和高效的方式进行交流互动。这也为将仓储和供应链设在更靠近需求和人口中心的地方提供了令人兴奋的可能性。这些新发展可能会改变可持续城市的动态。新转型的核心是Liu（2018）所说的"新型城市化相关的节能建筑、智能交通、新能源等诸多绿色低碳产业"。

但是，想要管理相关流程却又不对金融体系的稳定性产生风险，就需要重点关注多层次的融资。跨境和国内的互联互通通常由中央政府推动。然而，地方政府也需要在基础设施和公共服务方面提供辅助投资，以便为可持续的区域中心和建设清洁城市创造条件。过去25年来，为这种地方投资进行融资的主要机制就是土地出让，这通常与PPP和城市发展投资公司的预算外借款密切相关。考虑到20世纪90年代中国政府可资利用的新兴财政工具非常有限，中国建立了经济特区以保护私人投资。这些特区在推动增长方面发挥了重要作用，例如在深圳设立特区和浦东的发展（Wang，Jin，2013）。尽管这种组合对重点城市的发展产生了显著影响，但从发展环境和战略中固有的风险两方面来看，现在的情况已与20世纪90年代中期大不相同。

Liu and Li（2018）点出了财政和金融风险、提供公共服务产生的潜在影响以及中国出现社会动荡的可能性三者间的相互作用。正如Ahmad（2017a）指出的，如果没有可持续的地方自有收入和有效的债务监控等必要前提条件，引入如地方政府债券等具有潜在价值的融资工具，会增加Liu和Li（2018）所强调的所有维度的风险。此外，随着国家税务改革（特别是对服务和商品增值税的整合）完成，之前对经济特区的保护变得多余，甚至可能对必要的地方和区域联系的发展造成障碍。正因如此，为筹备大湾区发展计划，深圳正在走出特区政策带来的障碍，而这要求珠海、广州、深圳和香港之间实现快速交通。

多层次融资——为当地服务提供融资和管理风险

可持续增长的最新进展和先决条件

20世纪90年代以前，中国依靠地方政府征税来获得财政收入，地方政府将部分税收上缴中央，并承担大部分财政支出。当时中国缺乏大多数发达国家视为理所当然的财政制度。中国分别于20世纪90年代初期和后期成立了包括国家税务总局和现代意义上的财政部在内的主要机构（Ahmad，2018）。如果没有这些机构，就不可能使用增值税等财税工具，通过国库单一账户跟踪支出，甚至无法使用IBM的《2014年政府财政统计手册》（GFSM2014）框架，通过各级政府的资产负债表监控负债。但是，尽管在中央一级建立了一流的组织和机构，地方的政策框架却发展缓慢，主要原因是为了响应过去几十年进行的结构性改革。

1993—1994年中国经济工作的重点是创收，并成立了国家税务总局。创收使用的主要工具是"生产型"增值税，该税种不允许纳税人抵扣外购固定资产的进项。它使得服务行业的赋税可以由地方政府在营业税名义下征收。第二阶段则是从2005年左右开始，以效率为重点，采用的工具是"消费型"增值税，它允许对纳税人外购固定资产的进项进行税收抵免，并与企业所得税相结合，税率结构合理化调整为25%。为进一步降低营商成本、增强竞争力并取消出口税收，营业税在

2015 年被纳入增值税（Ahmad，2017b）。虽预计这一举措会导致税收损失，但由于完整的增值税税基信息链的完成，使得公司难以隐藏交易，因此总体税收收入实际上有所增加。2013年墨西哥增值税的整合也出现了类似现象（Ahmad，2017b）。

虽然通过分税制改革在总体上对地方政府进行了税收补偿，但对各级政府的影响是不同的，因为财政支出被压低，补偿的税收往往不成比例地被截留在更高的行政级别。分税制给地方政府带来的财政压力导致了其诉诸借贷或拖欠付款，而缺乏透明度则加剧了这种压力。这通常会导致风险重重的决策和支出行为，而且地方政府往往没有充分重视医疗保健或环境问题。新的可持续城市转型战略需要彻底改革地方税收和融资机制，以降低风险，包括地方层面的隐性负债。中央经济工作会议（2017）提出的可持续和清洁城市建设需要在公共财政管理职能和税收改革上采取协调行动。这样做的原因有很多，我们将在下面一一解释。

第一，从地方政府可以控制边际税率或税基的角度来讲，分税收入并不构成自有收入。因此，分税收入虽然有助于缩减纵向差距，但就如同来自上级政府的转移支付一样，其自身并非取得信贷和承担其他形式地方债务的适当工具。地方政府需要硬预算约束才能对投资和负债做出负责任的决定，但如果地方政府没有能力在需要时筹集额外收入（例如支付地方债务），则硬约束也不会有明显效果（Ambrosanio and Bordignon，

2015）。中央转移支付和分税收入则不会出现此种情况。在这些情况下，风险的责任在上级政府，而地方政府则倾向于做出不适当的支出。如果关于支出内容以及大部分预算外负债如何产生的信息并不完整，则相关风险会大大增加（更多内容见下文）。

第二，随着地方税基减弱或消失，一个更加紧迫的问题就是分税收入和转移支付往往保持在较高水平，特别是在省会城市和大都市区，[4] 相应的赤字压力和地方公共服务压力也会随之增加。Xiao（2018）对广东曾出现的这个问题做了详细记录。中央政府为了应对贸易冲击而减税来维持总需求，这加剧了地方政府的财政压力。这已成为一个主要问题，特别是对基层政府而言，它们会发现很难为教育或基本医疗保健以及基础设施建设融资。

第三，在城市税收工具不足的情况下，土地转让收入历来在大都市区发展中发挥着重要作用。这包括深圳等经济特区中的"土地价值获取"，通常被视为一种发展模式。[5] 然而，中国的土地转让基本上已经走到尽头，城市扩张减缓，尤其是在一线城市和东部沿海地区的大都市区。此外，它们还导致主要农业用地的大量流失，产生了房地产泡沫风险和社会动荡的可能性（Wang等，2018）。土地转让收入是预算外收入，因其经常与PPP组织结合使用，可能导致权力寻租和腐败以及隐性负债，也可能在未来带来严重问题。廉价的土地分配和补贴为 2009 年设立的天津滨海新区金融区的建设提供了融资。这里还通过高铁连通北京，并获得了多项税收优惠。然而，天津是中国负债最重的大都市区之一（地方国有企业负债占地方收入的 700% 以上）。而且，尽管靠近天津港并与北京互联互通，但空置的办公楼意味着这里更像是一座鬼城，而不是一个蓬勃发展的新金融中心。

与税收改革一样，中国自 20 世纪 90 年代后期以来一直在对其公共财政管理架构进行现代化改造。两项重大改革之一是采纳了 IMF 的《2001 年政府财政统计手册》方法（于 2014 年进行更新，以适应国民账户体系的改进），之二是建立了国库单一账户来管理国家的现金并监控现金流和交易。尽管该手册（GFSM2001/2014）要求提供各级政府的权责发生额和资产负债表，但最初只引入了现金结算，不允许地方政府直接借款，所有地方借款都是通过城市发展投资公司（即地方政府拥有的投资公司）完成，属于预算外范畴。城市发展投资公司的借款与地方政府交易之间的区别不透明，而公共负债的完整范围尚不明晰（尽管也存在审计署的定期报告）。许多在较低层级实施公共财政管理改革的措施还处于早期阶段。例如，即使在较发达的省县，地方政府的资产负债表也并不完整，尤其是针对公用事业、PPP 组织、国有企业的资产负债表以及可能的应付账款（Ahmad and Zhang，2018，基于中国人民银行的一项调查）。

第四，正如 Liu（2018）所指出的，隐性负债（包括国有企业、PPP 组织和地方政府）带来的风险正越来越受到关注，也被列入了改革议程的重要位置。债务信息，尤其是关于各低级别政府的债务信息不足，放大了缺乏自有收入所产生的问题，并使得施加硬预算约束变得不可能，增加了旨在应对贸易冲击的反周期政策导致地方债务危机的可能性，或削弱了地方政府提供基本服务或及时应对包括流行病在内的各种冲击的能力。

地方问责和反馈机制

尽管政策和优先事项通常由更高级别的行政部门决定，但就实际支出而言，中国是世界上权力下放程度最高的国家之一。正如 Ahmad 等（2018）所讨论，随着 1993—1994 年以来财政收入越来越多地集中到更高级别的政府，地方政府的财政压力越来越大，这是因为分税收入和财政转移往往"积压"在省会城市，而基层政府往往"无经费职权"。人口老龄化和养老金的本地化融资增加了地方政府的财政压力。与此同时，地方官员有很强的动机使用预算外的特殊目的实体（即城市发展投资公司）开展上级政府权限以外的活动。这些趋势都不会导致地方政府官员承担更大的责任。

带有隐性负债的预算外交易在减少责任的同时也增加了风险。要求地方政府填写完整的资产负债表，包括 PPP 组织的负债［按照《2004年政府财政统计手册》和《国际公共部门会计准则》第32号（IPSAS 32）标准的要求］，显然是明智的。然而，鉴于使用国际标准（例如《2004年政府财政统计手册》）实施完整的资产负债表存在困难，这个过程将是漫长的，而负债和风险却是短期的。依靠审计局对地方负债进行评估非常耗时，而且不太可能发现可能导致国家金融风险，甚至导致地方服务供应中断并伴随社会风险的短期负债变化。

正如Ahmad and Zhang（2018）所强调的，中国人民银行的货币调查提供了最及时、最准确的融资数据。其中的数据可以用来制作关于县级政府和国有企业的月度融资数据。尽管该方法不能获取欠款数据，但不同城市或县所获信贷的变化可能预示着应由财政部（例如，由财政部结合地方国库单一账户）和审计局迅速调查的问题。需要再次强调的是，这也是生成风险管理预警系统所用信息的捷径。从长远来看，不同级别政府的资产负债表数据以及与《2004年政府财政统计手册》兼容的会计科目表将提供直接的"线上预算"信息，并为及时监控相关风险提供基础。

中国于2015年修订了预算法，允许地方政府发行债券，期望地方债务能变得更加透明和易于管理。然而，如果没有地方自有收入的发展（且地方各级司法辖区可以对其进行边际控制）和关于负债范围和时间分布的更严格信息，预期的硬预算约束则无法落地。从中期来看，地方政府债券显然是必要的，但其可能给人一种地方风险已得到控制的假象。但是，如果大都市区和小城市没有充足的自有收入，风险就会传递给更高级别的政府。

然而，从某些方面讲，地方财政局正在进行的社会审计提供了有效的反馈。正如广州市审计局绩效审计处的 Yuan（2018）解释的那样，对备受瞩目的广州快速公交系统进行的社会审计导致了快速公交系统扩建计划的取消，其原因是用户的反应、次生的拥堵状况以及对替代社会成本和收益的评估。社会审计机制在中国式行政治理模式中具有相当大的潜力，可以迅速推广，补充可能需要更长时间才能准确生成的财务信息，但不能作为解决当前地方债务风险的解决方案，而且其中某些风险就隐藏在预算外账户中。

中国国务院（2018年第8号决议）已提出要明确支出分配，包括将社保由地方统筹转为全国统筹。但是，更加明确的地方社会服务和投资要求可能需要与可持续的城市转型联系起来。从大都市区，甚至大湾区的硅谷发展区，到内陆地区更小、更紧凑的中心，确切的形式将有所不同，而且这些中心还将成为城市转型和实现从出口到国内消费再平衡的核心，并伴随着科技和措施的升级。这将成为问责制中地方政府责任的关键部分。

但是，没有自有收入，地方问责就是不完整的。即使预算法要求地方政府按期偿还债务，但如果自有收入缺乏，尤其是在遭遇危机或经济受到冲击时,极有可能导致银行系统不良贷款率的急剧上升。这会将问题重新推回到中央政府的面前(正如20世纪90年代墨西哥的地方债务和2008年金融危机后西班牙的地方债务所发生的情况,参见Ahmad, Bordignon and Brosio, 2016)。因此,支出、税收和风险管理问题密切相关,不可分割。

中央和地方税收工具:用于激励和问责的自有收入

在许多方面,国家税收改革的完善对于创造公平竞争环境和降低所有公司的营商成本至关重要。但是,由于地方上缺少重要的税收处理办法,因此迫切需要一份地方税务议程。无论是覆盖价值链各个阶段的增值税还是合理化后的企业所得税结构,都有助于改善营商环境、降低成本,并取消出口税。此外,对增值税的整合提供了有助于防止偷税漏税的信息,就如在墨西哥一样,能使得整体税收增加。正如Ahmad(2017a)提出的,中国针对中央和地方建立了统一的一流税收管理体系。有了统一的收入基础,在全国人民代表大会确定的全国税基上征收地方"附带税"(piggy-back)或附加税就变得相对简单。这一点在某些房产交易税中已经有了先例——全国人民代表大会设定了一个征税区间,各省在这个区间内选择一个范围,而城市则在各省选定的区间内选择一个范围。但是,选择对房地产销售征税并不能保证地方政府获得稳定的收入来源,也不能用于为基础设施建设提供可持续的信贷或借款。一个最重要但未充分利用的税基就是个人所得税。在全国人民代表大会设定的区间内，各省或城市的"附带税"可以：

- 为地方政府创造可观的收入并构成进入信贷市场的基础，例如地方政府债券（请注意，分税收入不是自有收入，而且由于地方政府无权决定分税份额，因此不存在加强征收的动力或能力）；
- 提高对地方政府的激励，使其提供有关富人资产、生活方式和支出的信息，从而更有效地提高工资收入以外的个人所得税基数；
- 附带税并不一定意味着个人所得税的总体费率提高，原因是其所在的征税区间处于当前分税制安排的平均有效费率范围内；
- 确保在降低中央税率以实现宏观稳定目标的同时地方收入不受影响，从而保证必要的地方支出，例如教育或医疗保健支出。

来自房产税的额外资产信息将有助于扩大个人所得税的基数。对非工资收入征税，可以减少不平等，并为实现地方政府的基础设施和社会政策目标提供融资。

虽然个人所得税是解决个人间不平等的重要工具，但省级

"附带税"可能会增加地区间的不平等，因为非常富有的人往往住在大都市区。因此，中国需要完善当前的平均税收制度，并在估计不同地方政府的自有收入时考虑到不同的自有收入基础。

"附带税"也可以与国家税务总局管理的国家碳税（Ahmad and Stern，2012，印度部分）合并使用，以确保不会出现逐底竞争，同时也提供了一种可能性，即更拥挤和污染更严重的大都市地区能够征收为实现清洁城市目标所需要的更高的税。事实上，碳税可以在保证收入、效率和可持续方面发挥重要作用。

在城市层面，地方基础设施的典型融资机制是使用者付费。考虑到与环境和分配目标的衔接，定价机制通常包括税收/补贴要素，具体取决于赋予环境外部性（从技术上讲是影子定价假设）的权重和政府的分配偏好。因此，考虑到所涉合同安排（例如PPP）和公共担保的性质，以及如上所述记录负债累积的需要，公共定价和收费与跨时预算约束之间存在着一定的联系。

在大多数国家，对房产征收的经常性税收通常是主要的地方税，支撑着各地提供的基本公共服务，并成为为关键基础设施提供融资的基础。但中国不同，地方政府主要依靠土地转让，通过地方政府融资平台获得预算外信贷。这一直以来都伴随着一系列精心设计的房产销售税，但这些税收仅占土地转让收入的一小部分。来自土地转让的激励措施导致了城市扩张和优质农业用地和湿地的流失，并导致了不透明交易。在缺乏重要的地方税基的情况下，尝试减少对土地转让收入的依赖并不容易，在上海和重庆开展的以估价和所有权为基础的房产税试点就不是很成功。该模型依赖于准确及时的房产所有权和估价记录。在许多新兴市场国家，无论是基准地籍簿还是估价系统，都没有有效发挥作用。

英国在20世纪90年代放弃了以估价为基础的财产税；地方议会继而建立了一个系统，将统一的税阶与地方议会提供的公共服务平均成本挂钩。由于税收与城市/地方一级提供的一系列服务挂钩，因此可以开始在作为服务付费的税收与所提供服务的质量之间建立联系。英国近代经济学家阿尔弗雷德·马歇尔在100多年前就认为，这可能会产生一种"有益的税收"，对政治经济产生的影响也最小。[6]不过，出于公平和收入的原因，建立累进税制也很重要，同时还要避免所有权和估值模型的复杂性问题，这种估值模型在上海和重庆的实验中效果不佳。

新兴市场国家对住房征税的新模式侧重于与基本公共服务相关的入住率、居民数量、位置和物业规模（Ahmad，Brosio and Gerbrandy，2017）。通过使用中国六个主要城市的数据对"有益"的房产税进行的模拟实验表明，它可以迅速筹集足够的收入来代替土地转让收入并改善大多数城市的税后收入分配（Ahmad，Niu，Wang and Wang，2020）。将简单易行的房产税与服务提供相联系，对于克服政治阻力以及在基础设施和基本服务（包括公共医疗保健）方面实现更好的地方问责至关重要。

与英国一样，基于估值的房地产交易税收制度在中国仍旧适用于企业和所有其他房地产销售。对商业房产税的调整和改善是为新交通基础设施提供融资的手段之一。重要的是，中央对税阶的设置为地方政府在费率设置上提供了灵活性，也为可用于个人所得税、"有益的"房产税和碳税的"附带税"操作提供了一个先例。这种商业财产税对于发行地方债券以及PPP组织借债的能力至关重要。

充足的自有税收是锚定支出、提供收入流、确保获得可持续信贷、不累积负债和风险以及向私营部门提供信号的关键因素。如果不能高度重视地方公共财政和服务的改革，地方金融体系的脆弱性可能会产生持续的风险。如果不能为投资和明确的激励结构提供资金以从根本上减少拥堵、污染和温室气体排放，许多城市可能会继续保持现状，甚至变成低效、不健康和毫无吸引力的生活和工作场所，从而无法提供中国所寻求实现的那种强劲、可持续和包容性增长。

结论：持续的国内改革和再平衡可以促进中国国内外的强劲、可持续和包容性增长

中国在制定全球可持续增长议程和管理气候变化方面所发

挥的作用始终至关重要。正如政府中期工作计划（He, 2018）中所阐明的，中国的国内议程显然就是由以可持续和包容的方式提高生活水平的目标所驱动。清洁和有吸引力的大都市区和新的高科技城市可提供持续就业，有助于减少贫困，是该战略的重要组成部分。但重要的一点是要仔细关注与高杠杆率和经常呈隐性的地方债务相关的风险，从而确保金融和财政的可持续性。

只有配备完善的地方基础设施和公共服务，才能加强、稳定和改革中国不断扩大的城镇。地方基础设施和公共服务还可用以维持新的中心和私营部门的活动，推动生产和就业向内陆或国际贸易走廊转移。此类基础设施和服务的表现如何取决于本地管理和创造力。

中国"十四五"期间的国内改革议程包括提高清洁新城市的生活水平和对大都市区进行结构调整，以促进减贫和增加包容性就业机会。税收改革与地方政府和企业（包括地方公用事业单位和国有企业）的负债信息更加透明相结合，可有助于管理金融和财政风险。在地方层面开展税务改革，以产生适当的激励措施，为投资提供资金并锚定获得贷款的机会。

结构性改革议程的核心是在中国内地现有的大都市区和新城市中推动创新和采用新技术。大都市区的高技能工人将促进尖端技术的采用。此时的关键场所将是科技园和大湾区，以及一个处于潜在发展期的全新"硅谷"大型中心城市。作为现代服务经济的核心要素和对创新至关重要的要素，金融服务业也得到了高度重视。伴随着"一带一路"的陆路连接基础设施勾连起的新价值链以及南亚和中东、中亚、欧洲和非洲的市场，清洁制造也可以在新的内陆城市扩张。国家将会继续通过现有和强化后的沿海中心城市和海上联系不断促进与西半球国家，特别是拉丁美洲国家和东南亚国家的贸易。由于中国在开放市场和贸易方面的立场，此类贸易可能会显著增加。与此同时，在中国这样一个体量的国家，旨在促进强劲、可持续和包容性增长的改革和创新将取决于整个国家的政策和改革，而不仅仅是中心城市和新城市。

继2016年"营改增"改革以及企业所得税结构和税率合理化调整之后，国家税收议程，包括与营商成本有关的议程，取得了大幅进展。两项仍然待做的主要国家改革包括：（1）扩大个人所得税的基数，以更有效地涵盖非工资收入；（2）征收国家碳税，以增加财政收入、提高效率、减少污染并帮助实现中国2060年的碳中和承诺（还可以对现有的排放交易体系形成补充）。遵循这一国家议程，再加上国家税务总局正在使用的现代税收管理方法，就可以营造友好的商业环境，创造丰厚的税收（鉴于中国人口老龄化，这一点尤显必要），并推行较高的环境和其他标准。之后，国家税务总局可以轻松管理"附带税"或附加税，各省和大都市区甚至各个城市都可以借此轻松快捷地征收碳税。鉴于中国是一个单一制国家，全国人大对于税阶的立法很重要，受污染和拥挤困扰的城市可以适用相关范围的上限。事实上，在房产转让税方面已经实施了此类措施。

各省和大都市区的"附带税"或附加税也将把目前的分税制安排转变为自有收入，可用于锚定信贷市场准入，并使地方债券体系更有效地运作。这是管理地方操作所产生的潜在重大风险的基本要素。本地"附带税"则无须增加整体个人所得税税率。

在城市层面，土地出让收入不再是地方投资的主要融资来源。事实证明，基于所有权和准确估值的美式房产税在中国或任何其他新兴市场经济体并不容易实施。一个与房产规模、位置和地方服务提供以及包括入住率相关的更简单的经常性税收有可能成为一个可行的选项。英国的经验，无论是消极的还是积极的方面，都是一个值得探讨的潜在例子，但是出于公平和收入的原因，建立累进税制很重要。这将是新清洁城市发展融资和最大限度降低违约风险的关键。

最后，地方治理议程是基础。城市应该对其产生的负债负责。关于负债的清晰且全面的信息，包括来自PPP组织的信息，应纳入地方政府的资产负债表。虽然这项工作已经在进行中，但要在较低级别的各级政府中实施还需要时间。短期内，中国人民银行和财政部就对地方政府信贷（每月）变化开展的合作将为潜在风险和问题提供预警系统，并为更深入的审计计划奠定基础。

简而言之，笔者认为中国在"十四五"期间推进政府结构性改革议程的各项改革可以而且也应该影响到"一带一路"倡议适用的发展和风险管理的原则和技术。通过这种方式，"一带一路"沿线国家和中国的可持续和包容性增长之间可能会形成非常有效的凝聚力，有助于相互增强。这可能会为中国和整个世界带来"更好的增长、更好的气候"的巨大而宝贵的利益。

注释

1. 此前，年度中央经济工作会议会宣布年度重点工作，以落实中国五年计划确定的优先事项。2018—2020年三年行动计划确定了结构变革和指导预算过程的中期优先事项。
2. 中国煤炭用量在2014年左右趋于稳定，2014年下降2.9%，2015年再下降3.6%（Qi, Ye等，2016）。受电力需求增长的推动，2017年和2018年再次小幅回升。中国煤炭消费量目前仍低于2014年的水平。
3. 可再生能源发展的"十三五"规划目标是到2020年可再生能源装机容量达到680GW；而中国的可再生能源装机容量在2017年达到创纪录的650GW，并在2018年进一步上升至728GW（Amighini，2019）。

4. 中国政府架构分为五级。
5. 关于国家土地所有权的历史，以及土地使用权转让模式的变化，见 Yeh and Wu（1996）。
6. 但是，英国早期的一项尝试，即社区费（俗称"人头税"），其设计和实施方式引起了政治上的麻烦，并在20世纪90年代初期迅速遭弃。作为替代方案的市政税因缺乏累进税制安排而受到批评，这与相关房产的入住率、位置和当地服务的成本相关，而与其市场价格无关。

参考文献

Ahmad, E. 2017a. "Rebalancing in China—Fiscal Policies for Sustainable Growth," *The Singapore Economic Review*, 63: 1–24.

Ahmad, E. 2017b. "Political Economy of Tax Reforms—Improving the Investment Climate, Addressing Inequality and Stopping the Cheating," *G24 Working Paper*, Washington, D.C.

Ahmad, E. 2018. "Governance Models and Policy Framework: Some Chinese Perspectives." *Journal of Chinese Governance*, doi 10.1080/23812346.2018.1455414.

Ahmad, E., Bordignon, M. and Brosio, G. (eds) 2016. *Multilevel Finance and the Eurocrisis*, Edward Elgar Publishing.

Ahmad, E., Brosio G. and Gerbrandy J. 2017. *Property*

Taxation: Economic Features, Revenue Potential and Administration in a Deve-lopment Context, European Commission Project FED/2016/380/048.

Ahmad, E., Niu, M., Wang, L. and Wang, M. 2020. "Designing Beneficial Property Taxation for Sustainable Development in China: Evidence from Six Chinese Cities," *LSE/Coalition for Urban Transitions Programme on Financing Sustainable Urban Transitions in China and Mexico.*

Ahmad, E., Niu, M. and Xiao, K. (eds) 2018. *Fiscal Underpinnings for Sustainable Development in China — Rebalancing in Guangdong*, Springer Singapore.

Ahmad, E. and Stern N. 2012. "Effective Carbon Taxation and Public Policy Actions," in Rao, M.G. and Rakshit, M. (eds). *Public Economics: Essays in Honour of Amaresh Bagchi*, Sage Press.

Ahmad, E. and Zhang, X. 2018. "Towards Monitoring and Managing Subnational Liabilities in China: Lessons from the Balance Sheet for County K," in Ahmad, E., Niu, M. and Xiao, K. (eds). *Fiscal Underpinnings for Sustainable Development in China*, Springer.

Ambrosanio, F. and Bordignon, M. 2015. "Normative Versus Positive Theories of Revenue Assignments in Federations." in Ahmad, E. and G. Brosio (eds). *Handbook of Multilevel Finance,*

Edward Elgar.

Amighini, A. 2019. "China's Race to Global Technology Leadership, ISPI Report," available at: https://www.ispionline.it/sites/default/files/ pubblicazioni/report_china-global-technology-leadership.pdf, accessed 8 December 2020.

Climate Action Tracker 2019. "Comparability of Effort September 2019," available at: http://climateactiontracker.org, accessed 8 December 2020.

Liu, H. 2018. *3 Critical Battles China is Preparing to Fight*. Speech to World Economic Forum, Davos, January 24 2018.

Liu, S. and Li, C. 2018. "Public Services Evaluation from the Perspectives of Public Risk Governance," in Ahmad, E., Niu, M. and Xiao, K. (eds). *Fiscal Underpinnings for Sustainable Development in China: Rebalancing in Guangdong*, Springer.

Marshall, A. 1890. *Principles of Economics* (8th ed.), Macmillan & Co. Appendix G. Edition used: *Principles of Economics* (London: Macmillan and Co. 8th ed. 1920), Online Library of Liberty.

Qi, Y., Stern, N., Wu, T., Lu, J. and Green, F. 2016. "China's post-coal growth," *Nature Geoscience* 9, 564–66.

Wang, J. 2013. "The Economic Impact of Special Economic Zones: Evidence from Chinese Municipalities," *Journal of*

Development Economics 101, 133–147.

Wang, W., Wu, A. and Ye, F. 2018. "Land Use Reforms: Towards Sustainable Development in China," in Ahmad, E., Niu, M. and Xiao, K. (eds) 2018. *Fiscal Underpinnings for Sustainable Development in China*, Springer.

World Bank 2018. *China Systematic Country Diagnostic: Towards a More Inclusive and Sustainable Development.* Washington, DC.: World Bank. Available at: https://openknowledge.worldbank.org/handle/10986/29422, accessed 8 December 2020.

Xiao, K. 2018. "Managing Subnational Liability for Sustainable Development: a Case Study of Guangdong Province," in Ahmad, E., Niu, M. and Xiao, K. (eds). *Fiscal Underpinnings for Sustainable Development in China*, Springer.

Yeh, A.G. and Wu, F. 1996. "The New Land Development Process and Urban Development in Chinese Cities," *International Journal of Urban and Regional Research* 20(2), 330–53.

Yuan, X. 2018. "BRTs and Investment Fads: Civic Engagements and Fiscal Discipline," in Ahmad, E., Niu, M. and Xiao, K. (eds). *Fiscal Underpinnings for Sustainable Development in China*, Springer.

第二部分

贸易、紧张局势和劳动分工

第6章
国际贸易中合作与竞争的潜力：近期贸易增长和驱动因素

罗伯特·库普曼[①]

1980—2008年，全球一体化进展迅速，尤其是发展中国家在全球GDP和全球贸易量中的份额迅速增加。在此期间，全球贸易的平均增速是全球GDP增速的两倍多，这表明贸易是促进一体化和发展中国家GDP快速增长的有效途径。但是，在2011—2016年，与20世纪90年代漫长的快速增长期相比，全球贸易增长大幅放缓，而且与其长期历史平均水平相比也有所放缓。全球一体化是否已停滞或达到临界点？全球贸易增长

---

① 本文所表达的观点完全是作者的个人观点。这些观点无意代表世贸组织或其成员的立场或意见，也不损害世贸组织成员在世贸组织下的权利和义务。任何错误都由作者负责。

能否复苏？或者，保护主义和经济紧缩的加剧是否标志着贸易和经济一体化的长期放缓？最近的研究和经济发展状况表明，贸易增长放缓主要是由于投资和消费增长疲软，而贸易和经济增长之间存在着强劲的长期关系。这项研究还表明，贸易政策在促进贸易增长方面发挥的作用并非无关紧要，但也并非最关键要素。考虑到政策的影响，它建议政策制定者和专家在归因贸易协定的各种经济影响时应保持谨慎。虽然这在经济学家眼中可能是理所当然的，但对政策制定者、专家和公众来说却并非如此。

世界贸易组织发挥的作用、各种优惠贸易协定和单边自由化都有助于降低全球贸易体系的贸易成本和不确定性。贸易在提高效率方面也发挥着重要作用：它能够通过技术和专业知识的传播以动态方式促进经济的更快增长，并允许小国进入更大的市场，具有重要的宏观经济影响。但宏观因素与具体的贸易政策相比更能推动贸易的增长，货币政策正常化、通胀压力加大导致的利率上升、货币和财政政策主张导致的货币变动等宏观经济因素可能对贸易增长产生更大的影响。

近年来，世贸组织在贸易便利化、扩大《信息技术协定》产品范围和取消出口补贴等领域取得了一些进展。但多年来，世贸成员一直致力于在市场准入、农业和服务等领域的新规则方面达成一致意见。推进这些领域谈判所带来的挑战也使得各成员无法充分应对瞬息万变的商业环境，包括数字经济的快速扩张以及比较优势的快速且巨大的变化。即便其在履行谈判职能方面未能达到预期，但世贸组织仍在提高透明度和解决争端方面做出了重大贡献。

不断变化的国际贸易地理格局

在过去的 35 年中，国际贸易地理格局发生了重大变化，南方不再处于边缘位置。重要的是，现在已经不是 20 世纪 80 年代了。在图 6.1 中，我们总结了 1980 年（左图）和 2016 年（右图）的世界贸易关系。图中每个点代表一个国家（或地区），连接这些国家（或地区）的线代表它们之间"活跃的

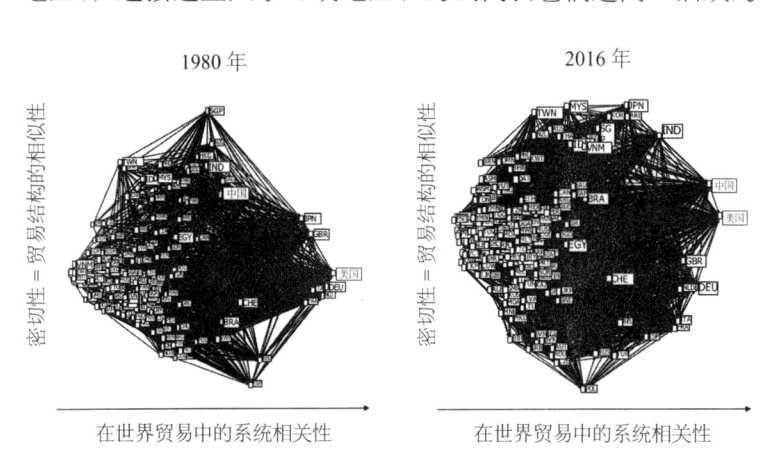

图 6.1 贸易的相似性和系统相关性（1980—2016）

资料来源：世贸组织工作人员基于"世界贸易方向统计"（DOTS）的数据进行了计算，并更新了世界银行"崛起的南方"（The Rising South）图表。特别感谢 Magali Pinat（IMF）。

贸易联系"。贸易是按照各国（或地区）出口额占所有来源国（或地区）总出口额的份额来衡量的，只有超过 1% 的份额才能得以体现。贸易的相似性，在纵轴上表示为各成员之间的距离，可以反映网络上其他成员之间"贸易联系结构的相似性"。也就是说，各成员之间的距离越近，它们的出口份额就越相似。系统相关性通过横轴体现，在其他来源国（或地区）总出口额中所占的份额越大、贸易伙伴越多的国家（或地区）出现在更靠右的位置，它们在全球贸易中被认为是"更具系统相关性的国家（或地区）"。

1980 年，一些贸易模式相似的国家是当时在全球贸易方面系统相关性最强的国家。这些国家包括美国、一些欧洲国家和日本。了解了这些国家正在发生什么，你也就了解了全球贸易正在发生什么。世界其他地区的出口市场高度依赖这些国家，贸易的多样性程度也不高。对比两图我们可以看到，大量国家（或地区）向右移动，并且在中间部分有一个更紧密的集群。因此，到 2016 年时，更多国家（或地区）具有系统相关性，贸易结构的相似性也在增加。事实上，印度和中国现在已经可与美国和欧洲大型贸易国并驾齐驱，其他国家如越南、印度尼西亚、马来西亚和巴西已经变得更具系统相关性。

2016 年，世界贸易已经不再只由美国和欧洲主导。世界更加多样化，当然也已经不是 1980 年的情况。如果某国认为自己是少数重要的贸易市场之一，拥有巨大的市场潜力，可以通过谈判做出更有利于自己的双边贸易安排，上述这些数据表明这个战略不太可能奏效。

贸易增长与 GDP 增长的关系

贸易界感兴趣的一个重要领域是贸易弹性的演变，即贸易增长百分比变化与 GDP 增长百分比变化的比率（Hoekman，2015）。图 6.2 显示了自 1981 年以来世贸组织贸易弹性计算的演变。①

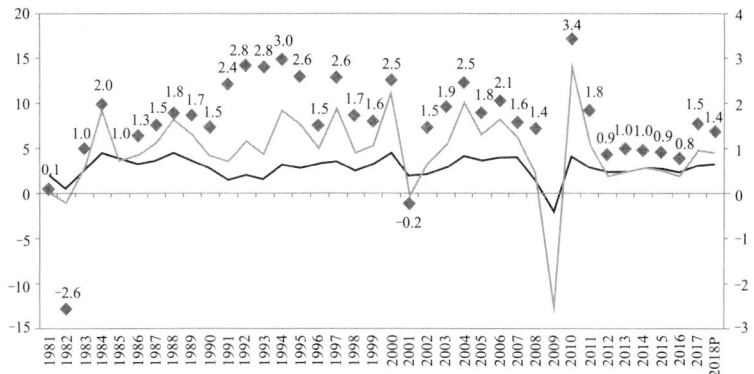

**图 6.2　国际贸易增长与全球 GDP 增长的比率
（1981—2018 年的百分比变化和比率）**

资料来源：世贸组织贸易秘书处对 GDP 的一致估计。

---

① 世贸组织通常在计算商品贸易弹性时会忽略服务贸易并试图考虑价格变化。商品价格的波动会对基于名义价值的贸易弹性估计产生重大影响。

2012—2016年，贸易弹性约为1，2016年跌至1以下，这种情况在过去37年的时间里仅出现过3次。因此，我们看到与GDP相比，特别是与1990—2005年（当时贸易平均增速是GDP增速的两倍以上）相比，近几年的贸易增长明显放缓。许多经济学家和政策制定者都密切关注于此。人们不禁提出疑问，这是否意味着全球化的结束甚至是逆转？尽管G20一再声明需要取消保护主义措施，但保护主义是否有所抬头，是否显著减缓了贸易（Baldwin and Evenett，2009），都是需要回答的重要问题。

在查看迄今为止的证据之前，有必要先考虑贸易弹性的长期价值，然后再考虑影响其演变的因素。如果查看更长期的数据，会发现1990—2005年的情况很不寻常。其间，许多相当独特的因素似乎一直在影响贸易与GDP的增长，这些因素包括：欧洲原先计划的经济开放、中国和印度融入全球经济、信息和通信技术（从计算机和互联网到集装箱）的发展和扩张，以及多边和优惠贸易协定的谈判和具体实施。

就有效的国内和国外直接投资的增加而言，许多国家的开放产生了大量资金流。许多曾经孤立于全球经济以及技术进步和现代化之外的国家突然向资本、技术和贸易敞开了大门，这导致全球比较优势在分布上的重大变化。因此，这一时期（1990—2005）的贸易弹性超乎寻常。

世贸组织计算出的长期贸易弹性估计值约为1.4，而Irwin

（2002）估算了1870—2000年的贸易弹性值范围是1~4，1870—1985年的估算范围是1~1.7。利用世贸组织的长期估算，我们发现贸易增速通常比GDP增长快40%，但也有一些显著变化，因此我们建议使用1.3~1.5范围内的长期平均值。然而，如上所述，贸易弹性值很少低于1。2017年，世贸组织计算出贸易弹性值恢复至1.5，预计未来10~15年的平均贸易弹性将在1.3~1.5的范围，尽管每年都会有相当大的变化。在今后相当长的一段时期内，我们似乎不太可能看到1990—2005年结果的重现。

有一点我们要铭记，由于贸易通常以总价值衡量，而GDP以增加值衡量，因此贸易对GDP的弹性具有潜在误导性。[1]因此，传统贸易量在全球价值链中会遭遇重复计算的问题，因为零件、组件甚至产品在到达最终消费者之前将多次跨境移动（因此遭遇多次计算）。最近以增加值来衡量贸易的努力（例如，Johnson and Noguera，2012；Koopman, Wang and Wei，2014；Haugh等，2016）得出了一致数据，高达25%的贸易总额属于重复计算。然而与传统贸易数据相比，以增加值衡量的贸易数据往往严重滞后，因为它们依赖于大量延迟生

---

[1] 贸易弹性的计算结果可能会受到GDP衡量失真的影响。人们经常质疑中国公布的GDP数据的可靠性。如果偏差是系统性的，那么贸易弹性数字可能不会受到显著影响，但如果偏差是非系统性的，那么弹性随时间变化的模式可能会受到影响。

成的投入产出表。Escaith and Miroudot（2015）使用经合组织与世贸组织的增加值贸易数据生成增加值贸易弹性的长期滚动平均值，发现它更接近于1，并且比传统衡量方法的变量小得多。

是什么推动了贸易增长？

在世贸组织看来，GDP增长是贸易增长最重要的驱动力。近年来，坊间围绕贸易增长缓慢的原因的争辩一直不断。有大量文献研究贸易增长的决定因素，特别是可能解释1990—2005年期间高贸易弹性的因素。还有大量文献研究了最近这个缓慢增长期之前的贸易增长情况，其中大部分将宏观经济因素确定为贸易增长的关键决定因素，特别是GDP增长，以及GDP增长的特定组成部分，如耐用品的投资和消费（例如：Anderson and Van Wincoop，2004；Novy，2013；Eaton等，2016）等。具体政策，特别是关税削减或其他影响贸易成本的因素，在推动贸易增长方面发挥的作用虽然较小，但仍然很重要。

尽管多年来有这些相当强有力的发现，但最近的辩论（例如，Hoekman，2015）重新点燃了人们对贸易增长驱动因素的兴趣。世贸组织、IMF、世界银行、经合组织以及世界投入产出数据库（WIOD）和其他机构的研究人员最近发表的成果似乎证实了早期的发现，即宏观力量推动了贸易增长的绝大部分，如关税自由化或贸易保护主义增加等行动的直接影响约占人们观察到的贸易增长的25%。但是人们必须认识到，这些贸易成本的动态、长期影响可能对投资和消费等宏观驱动因素产生重大影响，因而具备更大的长期影响。

如果从整体来看最近的文献，似乎投资和消费（特别是耐用消费品）的增长可以解释66%~75%的贸易增长，而与贸易政策相关的明确变化可以解释高达25%的贸易增长。这些实证见解之所以非常重要，是因为贸易政策制定者似乎经常误判这些贸易增长的驱动因素，他们常常将100%的贸易增长变化与贸易政策的明确变化联系起来。

因此，近期与GDP之比约为1∶1的极低贸易增长率主要是全球投资和消费增长非常疲软或不均衡所导致。随着2017年全球经济实现同步增长，投资和消费的复苏让我们看到贸易开始回升并恢复到经济增长的长期比率。

为什么投资和消费增长对贸易增长如此重要？因为这些需求要素都是贸易密集型的，也就是说，国内投资需求通常包括很大一部分进口商品。Auboin and Borino（2017）使用WIOD的数据来估算投资、消费、政府支出和出口的贸易强度（见图6.3）。类似的发现也可从IMF（2016）、Bussière等（2013）、Haugh等（2016）和Timmer等（2016）的研究中找到。

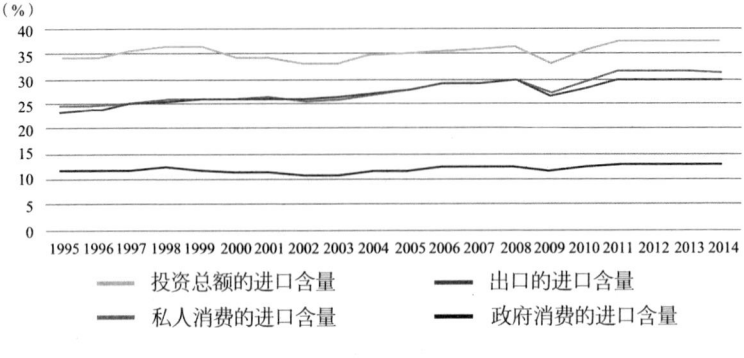

图 6.3 所有样本国家总需求构成中平均进口含量的演变

图中线条：投资总额的进口含量、出口的进口含量、私人消费的进口含量、政府消费的进口含量

资料来源：世界投入产出数据库（WIOD）投入产出表和作者计算。

结论

近期的贸易增长恢复到与 GDP 增长之间更正常的长期关系，这也再次引发了人们对全球金融危机后贸易保护主义的辩论。最近美国和中国以及其他国家之间的贸易紧张局势引发了这样一种对前景的展望，即在全球金融危机之后被描述为"模糊的保护主义"的行为已经变成明确而直接的政策呼吁，呼吁内容则是提高关税和潜在的报复。如果这些呼吁变成行动，全球贸易显然会受到不利影响，但研究文献还告诉我们，贸易增长的更大驱动力是 GDP 的宏观组成部分。这表明，如果贸易紧张局势演变为贸易战，最需要关注的是那些宏观因素，尤其是投资和耐用消费品支出。如果这些支出未受到贸易冲突的重大破坏，那么短期内对增长的不利影响可能很小。如果冲突对企业投资和耐用消费品采购造成很大的不确定性，其影响将会很大且持续时间很长。

参考文献

Anderson, James, E., and Eric van Wincoop. 2004. "Trade Costs," *Journal of Economic Literature*, 42(3): 691–751.

Auboin, Marc and Floriana Borino. 2017. "The Falling Elasticity of Global Trade to Economic Activity: Testing the Demand Channel," No ERSD-2017-09, WTO Staff Working Papers, World Trade Organization (WTO), Economic Research and Statistics Division.

Baldwin, Richard and Simon J. Evenett. 2009. "Don't let murky protectionism stall a global recovery: Things the G20 should do," *VoxEu.org*, 5 March.

Bussière, M., Callegari, G., Ghironi, F., Sestieri, G. and Yamano, N. 2013. "Estimating Trade Elasticities: Demand Composition and the Trade Collapse of 2008–2009," *American Economic Journal: Macroeconomics*, 5(3), 118–151.

Eaton, Jonathan, Samuel Kortum, Brent Neiman and John Romalis. 2016. "Trade and the Global Recession," *American*

Economic Review, 106(11): 3401–38.

Escaith, Hubert and Miroudot, S. 2015. "World Trade and Income Remain Exposed to Gravity," in *The Global Trade Slowdown: A New Normal?*, Bernard Hoekman (ed). London: CEPR Press; Florence: European University Institute, *VoxEU.org* E-book. (pp. 127–160).

Haugh, D., et al. 2016. "Cardiac Arrest or Dizzy Spell: Why is World Trade So Weak and What can Policy Do About It?," *OECD Economic Policy Papers*, No. 18, Paris: OECD Publishing.

Hoekman, Bernard M. (ed.), 2015, *The Global Trade Slowdown: A New Normal?*, London: CEPR Press; Florence: European University Institute, *VoxEU.org* E-book. (pp. 3–19).

International Monetary Fund. 2016. "Global Trade: What's behind the Slowdown?," Chapter 2, in *World Economic Outlook*, Washington, October.

Irwin, Douglas A. 2002. "Long-run Trends in World Trade and Income," *World Trade Review*, 1(01): 89–100.

Johnson, Robert C. and Guillermo Noguera. 2012. "Accounting for Intermediates: Production Sharing and Trade in Value Added," *Journal of International Economics*, 86(2): 224–36.

Koopman, Robert, Zhi Wang and Shang-Jin Wei. 2014. "Tracing Value-Added and Double Counting in Gross Exports,"

American Economic Review, 104(2): 459–94.

Novy, D. 2013. "Gravity Redux: Measuring International Trade Costs with Panel Data," *Economic Inquiry*, 51: 101–21.

Timmer, M. P., B Los, R. Stehrer and G. J. de Vries. 2016. "An Anatomy of the Global Trade Slowdown based on the WIOD 2016 Release," GGDC Research Memorandum 162, Groningen Growth and Development Center, University of Groningen.

第 7 章
2018 年中美经贸争端概况

卢锋[1]

引言

在美国总统特朗普于 2018 年 3 月 22 日签署旨在打击所谓"中国经济侵略"的备忘录时,这一举动的确让中国大众惊诧不已。对很多中国人来说,特朗普在 2017 年 11 月中旬访华时受到"国事访问+"级别待遇的记忆似乎还在眼前。两国签署了总值约 2500 亿美元的多项双边合同,其中主要包括中国对美采购商品和对美投资的内容。2018 年 4 月 4 日,美国政府公布了针对总值 500 亿美元的中国输美商品加征关税的清单,中方则以对美等额进口商品加征报复性关税的清单为回应,这为两国之间可能爆发的贸易战埋下了一颗有着引爆点的定时炸弹。

2018年4月16日,美国商务部对中国第二大信息通信设备供应商中兴通讯重启制裁禁令,导致两国之间的争端进一步升级,而此举引发了人们对中国境内高科技行业产业政策前所未有的争论。当人们进而担心局势不断恶化时,双方之间的对抗方式转变为协商,两国高级经济官员于5月初在北京举行会谈。尽管5月初的磋商没有产生实质性成果,但两国于5月中旬在华盛顿又进行了为期两天的会谈后,通过发表联合声明的方式达成了一项框架协议。然而联合声明为人们带来的欣喜并未持续多长时间,5月29日,美方突然宣布将公布对从中国进口的价值约500亿美元的商品加征关税的新清单,局势再次逆转为对抗模式。

中美经济关系的剧烈变化以及可能引发贸易战的诸多风险,引起了中国国内和国际社会的广泛关注。例如,IMF在2018年4月中旬表示,全球经济增长背后的驱动力或因可能的中美贸易冲突而受到损害(例如,Obstfeld,2018;Giles,2018)。中美经济关系究竟发生了什么变化,才导致情势像坐过山车一样起伏不定?美国对华经贸政策有何变化?这些变化的原因是什么,形势将向何处发展?本章概述了美国对华政策立场的变化以及近期两国经贸关系的不稳定局面。

本章的结构如下。在简要介绍之后,第二节分步分析了选题的事实背景：首先简要回顾了特朗普政府执政第一年中美经贸关系的实际状况，然后总结了特朗普政府对华贸易和对外经济政策的系统性变化，最后观察了截至 2018 年 6 月底美国鹰派贸易政策的实施和中美间争端的演变状况。第三节从四个方面探讨了导致当前形势的因素：美国经济面临的结构性难题，美国越来越不能接受的中国体制设定和政策的特点，特朗普及其主要经贸团队的主要助手对全球化和贸易问题的特殊个人信仰和立场，以及美国国内政坛的短期因素。第四节给出了简短的总结性评论。

中美经贸争端的来龙去脉

2017 年的中美经贸关系

作为 2016 年总统竞选的候选人，特朗普对与中国的经贸关系表达了强硬意见。他曾一度威胁要对来自中国的进口商品征收 45% 的额外关税。他还曾指责中国导致数千家美国工厂倒闭、数百万美国工人失业（Time staff, 2016），因此他认为美国应宣布中国为汇率操纵国。[2] 尽管这些极端政策在特朗普入主白宫后并未立即予以实施，但中美经贸关系的前景在他上任之初确实暗淡渺茫。2017 年 3 月，美国贸易代表办公室发布了《美国 2017 年贸易政策议程及 2016 年工作报告》（USTR, 2017）。该文件系统地阐述了美国贸易政策的"新方法"、关键目标和优先议程，标志着美国对华贸易政策正在以中国为最重要目标国进行全面调整。

2017年4月上旬，中国国家主席习近平在佛罗里达州棕榈滩海湖庄园与特朗普会晤时，中美两国间首次出现积极动作。这次峰会宣布两国将在新的对话平台，即全面经济对话框架下开始为期百日的谈判，旨在降低双边贸易不平衡（White House, 2017a）。两国元首会晤后约一个月，双方就解决农业贸易、金融服务、投资、能源等领域问题达成共识。[3] 据媒体报道：

> 美国和中国达成了一项包含十点共识的贸易协议，向美国信用评级机构和信用卡公司开放了中国市场。根据该协议，中国还将取消对美国牛肉进口的禁令，并接受美国的液化天然气出货。作为回报，中国熟鸡肉将被允许进入美国市场，中资银行也可以进入美国市场。[4]
>
> 此外，根据新协议，中国将在7月16日前向两家符合条件的美国金融机构颁发债券承销和结算许可证。摩根大通最近成为除合资企业外第一家在中国获得中国银行间债券市场企业债券承销牌照的美国银行。花旗银行大约在同一时间获得了银行间债券市场结算代理人业务资格。[5]

随着"百日计划"的实施，两国经贸关系进入了一段短暂的合作稳定期。

2017年7月20日中美举行的第一轮全面经济对话折戟沉沙，中美经济关系再次陷入低迷。双方虽然取得了一些进展，但并未取得预期的效果。双方没有像之前在布什和奥巴马政府初期那样发表联合声明和成就清单（Heatley, 2017）。中美贸易关系面临的环境不断恶化的一个信号是，美国商务部于2017年8月中旬启动对华"301调查"，而中方表达了坚定维护自身权益的决心。

2017年11月，特朗普总统对中国进行正式访问，中国再次为稳定双边关系做出巨大贡献。除了中国政府在接待特朗普总统访华时采取的"国事访问+"规格外，两国还在能源、化工、环保、文化、医药、基础设施、智慧城市等广泛领域签署了大量合同和谅解备忘录，价值合计2535亿美元。特朗普总统在访问期间多次向习主席和中国表示感谢。因此，中国媒体对两国经济关系再次变得乐观起来。[6]

美国对华政策的重新定位

尽管中美贸易政策互动在特朗普政府第一年出现Z形轨迹，但美国经贸政策的重大调整和重新定位当时正在进行中。特朗普政府在2017年转向新的政策和战略，这一点可以通过两个方面来观察。一方面，美国不遗余力地重新设计和制定新版经贸政策，其中，美国一直将中国视为主要目标国。另一方面，特朗普政府对中国发起创纪录数量的贸易调查，为日后计划中的贸易争端准备充足的弹药。

2017年底发生的三件大事，表明特朗普政府对华新鹰派政策的重新定位基本完成。第一，美国商务部于2017年11月发布了新版备忘录，确定中国的非市场经济地位，与2006年的旧版相比，其对主题的阐发更为翔实。第二，特朗普总统在对中国进行国事访问后立即在越南APEC峰会上发表讲话；他在讲话中详细阐述了新政策，并对中国的贸易和经济举措提出了或明或暗的批评。第三，特朗普政府发布2017年新版《国家安全战略报告》，重新定义了对华战略原则。

新政策代表了美国新政府的系统性转变。一是特朗普政府更加重视美国对华经贸政策，更多地从国家安全层面出发关注经济问题。第二，贸易政策的原则从"自由贸易"转向"公平贸易"，并进一步转向"互惠贸易"或"互惠"，为美国政府可能在贸易区采取的单边保护主义措施辩护。第三，特朗普政府试图将全世界的国家分为两类，即"遵守规则的"和"不遵守规则的"，鼓励国际社会选边站。第四，特朗普政府再次认定了中国的非市场经济地位，以证明美国在与中国打交道时使用特殊政策是合理的。第五，特朗普政府对美国支持中国加入世界贸易组织的历史性决定进行了批判性审查，重新考虑了世贸组织多边规则在新形势下可发挥的作用。六是特朗普政府明确表示美国政府正准备通过关税、投资限制等多种手段向中国施压。

在美国对华经贸政策转向的背景下,有两个相关因素值得注意。首先,经贸政策的转变是美国对华整体战略重新定位的一个组成部分。在 2017 年 12 月发布的美国国家安全战略中,中国被称为国际规则的"修正主义者"和美国的主要"竞争对手"。它标志着对美国历届政府对华传统政策的重大背离(White House,2017b)。

其次,特朗普政府将美国贸易政策转向保护主义和单边主义是针对全世界,不仅限于中美关系。特朗普政府向加拿大和墨西哥施加压力,要求重新谈判北美自由贸易协定的条款。由于特朗普政府在"美国优先"原则下采取保护主义的新贸易政策,美国与欧盟、日本和韩国等其他国家的贸易关系面临重重问题。尽管如此,需要铭记的是中国仍是美国的主要目标国家。美中经贸关系将为特朗普政府新政策的实施提供试验场。

美国对华发起的贸易调查案件数量正创下历史新高,这也为特朗普政府准备在 2017 年实行对华经贸新政策提供了更多证据。相关数据显示,贸易争端案件总数在总统大选年的 2016 年达到 44 起,创下历史新高。在贸易问题明显趋于政治化的总统大选年之后,针对中国发起的贸易争端的激烈程度并没有像预期的那样出现下降。2017 年,贸易纠纷案件数量实际上进一步增加到 51 起(Lu and Li,2018)。这一证据表明,特朗普政府已为即将到来的对华贸易战积极备战。

中美经贸争端不断升级

特朗普于 2017 年 12 月 22 日签署一份税改方案使之成为法律后,其政府的经济政策重心转向对外贸易领域,保护主义政策开始得到大力实施。2018 年初,特朗普政府发起了两轮贸易保护主义外围战。第一轮外围战于 2018 年 1 月 23 日开始,对洗衣机和太阳能电池分别加征 50% 和 30% 的关税。第二轮外围战是在 "232 调查" 的基础上落实相关措施。于是,美国又在 3 月 1 日宣布分别对钢铁产品和铝制品加征 25% 和 10% 的关税。这些措施虽然并非专门针对中国,但对中国的经济利益造成了重大损害。为应对美国对钢铝产品加征关税,中国商务部于 3 月 23 日宣布,将对价值 30 亿美元的 7 类美国进口产品加征关税。

3 月 22 日,特朗普签署总统备忘录,公布针对中国的 "301 调查" 结果。美国贸易代表办公室宣布了四项调查结果和三项针对中国的拟议制裁,继续推动美中贸易争端升级。4 月 3 日,美方公布了加征关税产品清单,对涉及 1333 个关税条目、总价值约 500 亿美元的中国输美商品加征 25% 的关税。产品涵盖从飞行器和航空设备,到信息和通信技术,再到机器人产品和制造设备。4 月 4 日,中国政府宣布对原产于美国的大豆、汽车、化工产品等共 14 类 106 项、总价值达 500 亿美元的商品加征 25% 的关税。4 月 5 日,特朗普指示美国贸易代表办公室考虑根据"301调查",额外对1000亿美元中国进口商品加征关税。

在4月10日举行的博鳌亚洲论坛期间,中国国家主席习近平宣布了从四个方面进一步开放中国市场的十多项措施,这也是进一步开放政策的重要组成部分。这一声明获得了国际社会的广泛赞誉,特朗普本人也立即在推特上做出了积极回应。4月18日,美国驻世贸组织代表团应中方根据世贸组织争端解决机制提出的磋商要求,向争端解决机构提交了报告。这为两国基于世贸组织规则进行磋商和谈判创造了条件。

4月16日,美国商务部宣布将重新启动对中国中兴通讯的暂缓制裁禁令,禁止美国公司在未来7年内向中兴通讯销售零部件、产品、软件和技术。中兴通讯从美国采购大量芯片和半导体元器件,一时间也无法找到替代供应商。美国的出口禁令将使中国第二大(也是全球第四大)通信设备供应商陷入极端困境。美国对此提出的理由是中兴通讯违反美国出口禁令,向伊朗销售美国通信设备产品。美国政府自2012年起开始调查此案,在2016年做出初步判决,在2017年3月达成和解。根据和解条款,中兴通讯接受了8.92亿美元的罚款和3亿美元的暂缓执行罚款。中兴公司还将解雇与此案有关的高管,并对35名员工进行纪律处分。中兴通讯之后被移出违规名单,但仍面临暂缓执行的7年禁售期,如果中兴通讯在未来7年内被发现违反条款，则该禁售期条款将被激活。2018 年初，美方认为中兴通讯未按规定对其员工进行处罚，于是恢复了出口禁令。

尽管美方一再强调中兴案是一个孤立的事件，但考虑到出口禁令以及其他贸易行动出台的时机和禁令的影响，对中兴通讯采取的新举措可能会被视为新一轮的中美经贸摩擦。这个问题在中国引发了一波政策辩论和讨论，重点围绕中国应如何发展自己的芯片和半导体产业。

2017 年 5 月初转为磋商

2017 年 5 月，中美双方就争议问题举行了两轮磋商。5 月 4 日至 5 日，以财政部长史蒂文·姆努钦为首的美国代表团访问北京，并与中国国务院副总理刘鹤率领的中方代表团举行了会谈。中国官方通讯社新华社报道了此次事件并做出评论，称谈判人员就"一些问题达成了协议"，但没有详细说明这些协议的内容，[7] 还补充说，双方都知道稳定的贸易关系对美中两国都至关重要，两国之间需要更多的讨论。经过所谓的"充分交换意见"，双方一致认为"仍存在较大分歧"，虽然双方尚未达成整体共识，但双方在某些问题上达成了共识，并同意近期进行磋商。

白宫于 2018 年 5 月 4 日发布了一份《关于美国贸易代表团访问北京的声明》，并通报称，"代表团与中方官员就重新平衡美中双边经济关系、改善中国对知识产权的保护和明显不公平地强制技术转让的政策进行了坦诚的讨论"（White House，2018a）。声明还提到："这个代表团的规模和高级别说明了特朗普政府对确保美国企业和工人获得公平贸易和投资条款的重视。"但声明没有提供关于此次谈判的详细信息。

中美两国媒体以一份题为《平衡美中贸易关系》的文件进行了全面评论梳理。该文件概述了美方的官方立场，要点包括：（1）到2020年底，美国对华贸易逆差必须至少减少2000亿美元；（2）中国必须停止"扭曲市场的补贴"行为，因为这些行为会损害美国创新和发展；（3）中国必须停止针对"美国商业网络的网络攻击和针对知识产权、商业机密和机密商业信息的网络盗窃"；（4）在美国限制中国在美国敏感技术领域或对美国国家安全至关重要的领域投资时，中国将不会采取报复措施；（5）到2020年7月时，中国必须将大部分行业的产品关税降至不高于美国关税的水平。[8]

媒体还发布了中国代表团的要求清单。据《华尔街日报》报道，中国的清单"要求特朗普政府停止对中国强迫美国公司向中国合作伙伴转让技术的指控开展的调查，并停止威胁对价值高达1500亿美元的中国商品加征关税"（Wei，2018）。中国的清单还要求美国更加善待中国科技公司，"调整"对中兴通讯的销售禁令，允许美国公司和政府机构从中国公司购买技术设备。

5月中旬第二次会谈及联合声明

根据中国国家主席习近平和美国总统特朗普的指示，双方于2018年5月17日至18日在哥伦比亚特区就贸易问题展开了磋商。中国代表团由国务院副总理刘鹤率领。美方官员包括财政部长姆努钦、商务部长罗斯和贸易代表莱特希泽。经过紧张谈判，中美两国达成初步协议，并于5月19日发表了联合声明（White House，2018b）。

双方在联合声明中表示，双方同意采取有效措施，"大幅减少美国对华商品贸易逆差"。声明称，中国将"大幅增加对美国商品和服务的采购"，以满足中国人民的消费需求，推动中国经济高质量发展，这也有助于支持美国经济发展和就业。两国同意大幅提高美国农业和能源产品的对华出口。美方也将派代表团赴中国进行进一步磋商。

声明指出，双方高度重视知识产权保护，同意推进在该方面的合作。声明强调，中国将推动修订包括专利法在内的相关法律法规。双方还同意鼓励双向投资，致力于营造公平竞争的营商环境。两国同意在这方面保持高层互信，并积极寻求解决两国关切的经贸问题。

媒体还报道称，中美即将达成的贸易协议将停止对美国公司向中兴供货的禁令。作为交换，中国将购买更多农产品，并取消对美国农产品的现有关税。[9]

重回对抗之路

联合声明暂时缓解了广大民众紧绷的神经，受到了中国媒体的热烈欢迎。[10] 遗憾的是，5月19日联合声明带来的欣喜并没有持续多久。尽管对两国问题和平解决的欢呼声仍在房间里回荡，但特朗普却在5月29日表示，他的政府将于6月15日公布对价值500亿美元的中国进口商品加征新关税的清单，这再次让整个世界震惊不已（White House, 2018c）。白宫还在同一天宣布（White House, 2018d）：

> 为保护我们的国家安全，美国将对与获得重要工业技术有关的中国个人和实体实施特定的投资限制并加强出口管制。拟议的投资限制和加强出口管制清单将于2018年6月30日公布，并将在此后不久实施。

中方对美方政策立场的急剧变化迅速做出反应。当晚，商务部新闻发言人就事件发表讲话，批评白宫宣布的战略声明"违反了双方最近在华盛顿达成的共识"[11]，重申"中方将有信心、有能力、有经验捍卫中国人民的利益和国家核心利益"。中美贸易关系再次回到争端和冲突的模式。

尽管美国商务部长罗斯率领的美国代表团于6月3日上午在北京与中国高级官员进行了为期半天的会晤，但磋商未能扭转局势的恶化。6月15日，美国贸易代表办公室（USTR）公布了一份清单，"对价值约 500 亿美元的包含工业重要技术的中国进口产品征收 25% 的额外关税，其中包括与'中国制造 2025'产业政策相关的技术"。

中国政府在美国采取行动后的第二天宣布了报复措施。6 月 16 日，中国国务院关税税则委员会发布通知，对原产于美国的进口商品加征关税。文件称，美方对从中国进口的约 500 亿美元商品加征 25% 的关税，"违反了世界贸易组织相关规则，有悖于中美双方经贸磋商已达成的共识，严重侵犯我方合法权益，损害我国国家和人民的利益"。

根据《中华人民共和国对外贸易法》《中华人民共和国进出口关税条例》等法律法规和国际法基本原则，国务院关税税则委员会决定，对原产于美国的 659 项约 500 亿美元进口商品加征 25% 的关税，其中 545 项约 340 亿美元的商品自 2018 年 7 月 6 日起实施加征关税，对其余商品加征关税的实施时间另行公布。[12]

有了上述铺垫，最大的两个经济体之间的贸易战迫在眉睫。

美国政策转变背后的驱动力

由于美国对华经济政策和战略方针发生变化，近期两国经贸关系日益紧张。形势变化的根源在于全球经济格局发生历史性转变，主要经济体之间发生权力相对转移，中国特色经济崛起在其中发挥了关键作用。

为了更好地了解当前情况并审视其在未来的发展方向，我们有必要深入了解变化背后的驱动力。上述美国政策变化的原因可能包括美国在新环境下面临的特殊经济困难、中国经济发展的制度和政策特点、特朗普政府部分成员对经济全球化的个人偏好和立场以及美国国内政坛的短期现象等因素。

美国经济增长长期放缓

美国潜在增长率继前几十年逐渐下降的趋势后，进入21世纪后继续出现大幅下降。美国政府面临着种种压力，尝试采取不同措施以扭转长期经济增长疲软的趋势。由于美国经济增长的长期放缓是在全球化的背景下发生的，外部因素很容易被视为问题的主要原因。这是美国对华经贸政策转变的重要背景因素。

美国官方数据显示，二战后的美国经济增长经历了三个阶段。第一个是20世纪五六十年代的"4%时代"，其间年均增长率约为4.2%。从20世纪70年代开始，长期经济增长率显著下降。20世纪70—90年代，美国经济增长进入"3%时代"，其间年均增长率下降至3.3%左右。进入21世纪以来，美国经济增速进一步大幅下滑。2000—2017年，美国年经济增长率降至2.05%左右，标志着进入"2%时代"。2002—2017年美国年均经济增长率为1.99%，2010—2017年均约为2.2%，表明即使将经济衰退期排除在外，美国进入新世纪后的年均经济增长率仍处于"2%时代"（Lu，2017）。

美国经济面临的问题不仅是21世纪以来长期增速的放缓，还在于如果没有采取非同寻常的宏观经济刺激政策，增长速度的下降远不止这些。2002—2003年，美联储两次降低利率以刺激经济增长。尽管当时的刺激政策提高了经济增速，但货币过度供应也助长了高风险次级贷款的繁荣和资产支持型证券的泡沫，最终导致了2008年的金融危机。2010—2017年，美国经济持续复苏。但是，利用国家财政和超宽松货币政策来支撑资产价格，通过家庭资产增值来刺激消费，是后危机时代美国经济增长的关键特征。这意味着美国经济增长可能难以维持。这可以解释为，在宏观经济政策中性的环境下，美国经济的长期增长率会更低。这也为人们讨论"长期停滞"的概念提供了背景（Summers，2014）。

比较竞争力下降引发的焦虑

美国政策转变的另一个重要背景，是新兴经济体特别是中国的快速崛起，以及美国经济比较影响力的相对下降导致的全球经济增长格局的快速变化。我们可以从中美双边对比以及全球增长格局的变化这两个主要视角来观察该问题。

从投资和储蓄规模、工业和制造业产品增加值等指标来看，中国已经超过了美国。以购买力平价衡量的中国整体经济规模近些年来也已超过美国。按照目前的趋势，中国在以市场汇率衡量的整体经济规模上，可能会在十年左右的时间里超越美国。即使在一些高科技领域，中国也在快速进步。尽管中美经济综合实力的差距可能仍然很大，但中国正在快速追赶上来。在改变相对经济实力方面，时间显然站在了中国一边。随着中国等新兴经济体迎头赶上，后危机时代全球经济的驱动力经历了"三重转变"。根据 IMF 的数据，20 世纪 90 年代，美国对全球经济的贡献率为 29.1%，G7 国家（加拿大、法国、德国、意大利、日本、英国和美国）对全球经济的贡献率为 56.8%，整个发达经济体对全球经济的贡献率为 76%。类似的情况在 60—80 年代也同样存在。但是，2008—2016 年，上述这些数字分别下降到 7.4%、11.5% 和 23.9%。相比之下，中国在 20 世纪 90 年代对全球经济增长的贡献率约为 9%，金砖国家（巴西、俄罗斯、印度、中国和南非）对全球经济的贡献率仅为 12.4%，新兴和发展中经济体对全球经济的贡献率为 23.9%。在后危机时代，这些经济体当前对全球经济的贡献率分别为 35.6%、49.4% 和 77.7%。目前，美国等主要发达经济体在经济规模上仍保持绝对优势，但在对全球经济的增量贡献上，形势发生了根本性变化。

日益增长的结构性矛盾

美国对华政策转向的另一个原因是美国经济和社会内部的

结构性矛盾不断加剧，如收入不平等、民族冲突和所谓铁锈地带的结构性衰退。例如，美国的基尼系数已经从1970年的0.4提高至现在的0.48。

收入不平等问题在美国一直存在争议。自21世纪初以来发生的三大变化加剧了收入不平等。第一，金融和IT行业涌现出一大批高收入群体，加剧了收入不平等。第二，公众对美国政府在金融危机爆发后采取的救助和刺激政策不满。第三，全球化允许美国企业向海外开展业务外包，从而抑制了美国普通工人阶级的工资增长。

移民和种族冲突问题也更加突出。美国合法和非法移民数量从2000年的166万下降到2011年的108万，2015年又上升到近160万。在以前，美国经济的高速增长让新移民很容易融入社会，美国也以"世界各族人民的大熔炉"自居。但随着经济增长放缓，每年涌入美国的超过100万移民便成了社会不稳定的源头。与此同时，美国的种族紧张局势仍未得到解决，2017年8月弗吉尼亚州夏洛茨维尔的种族冲突就凸显了这一点。

自20世纪70年代以来，美国铁锈地带就成为始终困扰美国的经济和社会问题。这一时期的工业衰退开始对俄亥俄州、宾夕法尼亚州、密歇根州、伊利诺伊州和威斯康星州等地产生重大负面影响。铁锈地带的经济意义在于，这些地区的主导产业已经失去了市场竞争力，这些州的区域经济因此面临结构性衰退。英国、德国和日本等其他发达国家也出现了类似的问题。这些问题有时被片面地归咎于全球化的外部环境和来自外国的竞争，也进一步煽动美国政策转向。

中国经济体制特点

中国经济发展在制度设置上呈现出与众不同的格局。尽管市场机制在经济资源配置中发挥决定性作用的原则已被当局和社会普遍采纳，但政府对经济活动的参与度仍然较高。政府相对活跃的作用体现在不同方面，包括政府对土地资源等经济要素的直接或间接控制、国有企业利用行政垄断控制大量经济资源、部分行业价格机制受限、私有产权保护机制不完善、政府利用各种产业政策实现产业和技术升级等。

支持政府干预经济的因素多种多样。一些因素反映了"后发优势"经济体的潜在优势，而另一些因素则在中国制度转型过程中通过改革举措得以修正或改进。但在中美经贸关系问题上采取强硬立场的人士眼中，中国经济的特殊制度性设置就成了中美贸易失衡和美国经济所面临的诸多头痛问题的主要起因之一。关于中国"非市场经济地位"的报告也在很大程度上反映了美国政府目前对中国经济体制的立场。从逻辑上来看，这种看法和心态与美国对华经贸政策向更加激进和保守的方向转变是密切相关的。

令美国忧心不已的中国政策

为解决后危机时代特别突出的全球经济和金融治理方面的"能力赤字"问题,国际社会近期共同努力合作,改革和完善全球治理框架,中国也积极参与其中。在国内经济中,中国更加积极推进"自主创新",落实"中国制造2025"等针对制造业部门中高端技术、高细分部门的产业政策。由于中美存在战略上的互不信任,美国对中国的政策动向保持敏感,并有动机对中国采取更强硬的政策作为回应。近年来,中国积极参与全球治理改革和完善进程。例如,在中国的参与下,金砖国家于2009年6月建立了一套合作机制,金砖国家新开发银行于2015年7月成立并开始运作。特别值得一提的是中国主导的"一带一路"倡议和亚洲基础设施投资银行的成立,得到了全球的广泛支持。在美国等主要发达国家的支持下,中国与其他新兴经济体一道,成为全球金融危机后新成立的全球治理平台G20峰会的成员。中国与新兴国家在G20峰会框架内积极开展政策对话与协调,并于2016年在杭州成功举办了G20峰会。2015年,IMF批准人民币加入特别提款权货币篮子,自2016年10月起生效。

中国政府在世纪之交开始采取自主创新的原则。在"引进技术消化吸收和再创新"传统政策的基础上,1997年召开的党的十五大提出了"提高自主创新能力"的主张,2002年党的十六大召开,重申了这一原则。2003年,国家中长期科学和技术发展规划领导小组成立,该政策于21世纪初得到大力推行。在 2000 余名专家和科研人员的参与下，在吸纳了各政府部门和地方政府的意见和建议之后，《国家中长期科学和技术发展规划纲要（2006—2020 年）》在 2005 年 12 月 31 日定稿并公布实施。该文件明确了 8 个技术部门、27 个技术领域和十数个基础科学研究问题的技术追赶目标，并在财政、金融、政府采购、人才培养等方面制定了具体政策。

近年来，中国工业和技术创新领域出现两大发展趋势。一方面，作为全面经济发展的核心组成部分，科技创新得到进一步提升。根据 2016 年 5 月中共中央、国务院发布的《国家创新驱动发展战略纲要》，"自主创新能力大幅提升"被确定为重大政策目标之一。2016 年 7 月公布的《"十三五"国家科技创新规划》将"全面增强自主创新能力"列为政策重点。另一方面，中国在近些年规划和实施了"中国制造 2025"计划。2015 年 3 月，国务院总理李克强在全国两会上做政府工作报告时提出了"中国制造 2025"的概念。2015 年 5 月，国务院发布了《国务院关于印发〈中国制造 2025〉的通知》。该文件将中国制造的升级分为三个阶段，每个阶段涵盖大约 10 年的时间，旨在到 21 世纪中叶时，把中国建设成为引领世界制造业发展的制造业强国。

特朗普政府主要成员的政策偏好

特朗普政府中部分成员的个人观点和立场显然也在推动美

国对华政策转变方面发挥了作用。美国学术界对中国的看法各不相同，从所谓的"对华鸽派"到"对华鹰派"，不一而足。一些左翼学者倾向于积极看待中国的经济发展，但他们对美国国内主流舆论和政策的影响有限。中美恢复正常外交关系近40年来，中美经贸关系主流和最具影响力的舆论都承认中国参与国际体系及其市场化改革是积极的发展动态，是对美中两国贸易、经济和地缘政治合作的支持，同时也适当关注了两国存在的潜在不同利益和制度。这种方法有助于对争端的战略管理，利用合作与竞争来为美国利益服务。"风险对冲"战略恰恰体现了支撑美国传统对华政策的原则。

特朗普入主白宫后，美国执政团队主要成员在对华贸易和关系方面转向"集体强硬"，使得中美经济关系面临着极不寻常的局面。特朗普可以说是二战以来所有美国总统中最直言不讳表达其对全球化怀疑的一个。白宫国家贸易委员会主任彼得·纳瓦罗就是众所周知的"对华鹰派"倡导者（Cassella，2017），曾出版数本严厉批评中国的书（例如，Navarro，2006，2015；Navarro and Autry，2011）。在过去的几十年里，美国贸易代表莱特希泽一直是一位态度强硬的贸易战谈判人员，尤其是在涉及钢铁行业时（这也是中美贸易关系的一个颇具争议的领域）。保守派标杆人物史蒂夫·班农于2017年8月卸任特朗普总统首席战略师一职，但他对中国的强硬立场并未随之消失。

美国短期政治因素影响

美国国内政局也影响了特朗普政府的对华立场。一方面，特朗普承诺满足支持其总统竞选的选民的愿望，而这可能会影响他对中美经贸关系的处理。特朗普2016年竞选活动的一个重点是"吸引处于其政治战略中心的美国工人阶级"。正如他在2016年8月上旬在底特律的演讲和其他场合所强调的那样，他发誓要"破坏掉长期的贸易协定和国际经济关系，降低贸易逆差"（Irwin and Rappeport，2016）。来自美国工人阶级和其他低收入群体的支持为特朗普赢得选举做出了重要贡献（Brooks等，2017）。正如他在2016年10月22日著名的葛底斯堡演讲中宣布的"与广大美国选民的契约"中所承诺的那样，他的政府将"裁定所有那些对美国工人不公正的非正当的国际贸易举措，引导美国工人利用美国法律和国际法来终止这些不正当的贸易"（新华社，2016）。回顾特朗普上任第一年发生的事情，税改法案的通过是其施政的亮点，但新税法对许多地区特别是铁锈地带的低收入选民带来的好处有限（ITEP，2017）。这些选民的利益和心理诉求对特朗普施加了压力，促使其针对中国实施强硬的贸易政策。

另一方面，美国中期选举也引发了特朗普政府在对华贸易关系领域的强硬政策。2018年11月的中期选举挑战了共和党当前在众议院的23个多数席位和在参议院2个席位的多数优势。统计数据显示，自内战以来，现任总统所在的执政党在中期选举中会丢掉平均 32 个众议院席位和 2 个参议院席位（Jacobson，2010；Seitz-Wald，2017）。显然，共和党面临着在 2018 年中期选举中维持多数席位的挑战，而在当前的美国国内政治气氛下，采取对华强硬政策有望提升执政党的声望。

上述因素以不同方式影响着美国的政策变化。国内政治因素产生的影响是短期的，但这些短期因素也可能会随着政治环境的演变一再发生。第六个因素即特朗普政府主要成员的政策偏好显然很重要，但人们可能会问，能让一个立场如此强硬的人上台，那么导致美国国内政治环境如此变化的根本原因是什么？从全局看，第六个因素的作用排在前三个因素之后，这三个因素从历史角度看更为根本，是能在未来多年中影响中美关系广泛领域的长期变量。第四和第五个因素涉及中国的制度特点和政策举措，往往成为两国争端的焦点，确定了谈判的核心议题。这些与中国经济发展密切相关的制度特征，有一些将在未来持续存在，而有些将在中国的制度转型和现代化进程中经历调整甚至被抛弃。综上所述，两国在这方面有谈判与和解的空间。

结论

基于笔者对中美经济关系结构性变化的观察，在 2016 年底特朗普赢得总统大选时，笔者曾评论说，"中美关系将面临自两国关系正常化近40年以来最严峻和最复杂的挑战"（Lu，2016，2017）。特朗普政府2017年对中美经贸关系所做的系统性调整，以及本章中概述的中美经贸争端，与上述推测基本保持一致。最近的争端标志着，随着两国面临的环境在过去十年逐渐演变，两国的双边关系也在发生结构性变化。

中美争端涉及双边关系中四个层面的议题和问题。一是美国对华的大规模贸易逆差凸显的贸易失衡。二是中国为促进技术进步和创新所采取的产业政策，这也是当前中美争端的症结所在。三是中国经济发展的制度性安排的普遍特征，正越来越受到美国的质疑。第四个层面涉及更广义的所谓"修昔底德陷阱"问题，即在中国经历现代化和崛起的过程中，如何处理好中国这样的新兴大国与老牌发达国家之间的关系。

长期看，现代化是中国的重中之重，这一观点也受到了中国人民的广泛认同。一个14亿人口的国家实现现代化，将为世界经济和人类发展做出巨大贡献。通向现代化的道路受到内外环境的影响，而中国40多年的改革开放也为现代化铺平了道路。中国实现现代化目标的决心坚定不移，这也是中国在应对千变万化的外部环境时做出选择的底线。

当前中美双边贸易的失衡，主要是在开放经济环境下两国结构性因素相互作用产生的结果。美国试图通过对中国进口产品征收额外关税来消除逆差的行为，实则误入歧途。中国政府通过两方面的政策措施做出了回应。一方面，中国对美国政府的单边关税政策采取了强有力的报复措施；另一方面，中国政府出台了一系列政策，在特定领域降低关税，减少市场准入壁垒。坚决抵制美国单边关税行动，同时配合独立的进一步开放措施，成为中方一贯政策的基调。

当前中美经济争端的焦点集中在两个方面：中国推动技术进步和创新的政策，以及中国经济体制的特点。尽管美国贸易代表办公室在对华"301调查"中提出的"强制技术转让""战略投资"等指控毫无根据，但为本国的利益着想，中国可能需要重新审视其众多的产业政策并改革现有的经济体制。通过实施早该实施的新一代国内经济改革，中国未来将能更好地维持高质量的经济发展，以更有利的方式应对外部挑战，并确保实现中国现代化与和平崛起的最终目标。

注释

1. 本章曾以《2018年中美贸易争端概况》为题发表于《中国与世界经济》(*China & World Economy*) 26（5），2018年，第83–103页。
2. https://www.theguardian.com/world/2016/nov/24/china-trump-tariff-threat-world-trade-organisation（2018年6月引用）。
3. US Department of Commerce（2017）.
4. BBC（2017）.

5. Yoon（2017）。

6. 《环球时报》网站一篇文章评论说，"一切都超出预期，一切都非常顺利"。http://military.china.com/important/11132797/20171110/31649921_all.html#page_2（2018年6月引用）。

7. Han等（2018）。

8. Chappell（2018）。

9. https://thehill.com/policy/finance/388728-reuters-sources-us-china-nearing-deal-to-lift-zte-ban（2018年6月引用）。

10. 文中举例，可参见 http://world.people.com.cn/n1/2018/05 20/c1002-30001334.html（2018年6月引用）。

11. http://www.mofcom.gov.cn/article/ae/ag/201805/20180502749654.shtml（2018年6月引用）。

12. 参见国务院关税税则委员会（2018年）。

参考文献

BBC. 2017. "US and China sign trade agreement," (online; cited June 2018). Available at: http://www.bbc.com/news/business-39894119.

Brooks, R., P. Nagle and J. Fortun. 2017. "Why are red state labor markets lagging?" (online; cited June 2018). Available at: https://www.iif.com/ publication/global-macro-views/global-macro-views-why-are-red-state-labor-markets-lagging.

Cassella, M.. 2017. "Trump's attack dog on trade," (online; cited June 2018). Available at: https://www.politico.com/agenda/story/2017/03/trump-trade-attack-dog-peter-navarro-000353.

中共中央和国务院,《国家创新驱动发展战略纲要》,北京:人民出版社(中文版),2016。

Chappell, B., 2018, "U.S. trade team leaves China talks without any big breakthroughs," (online; cited June 2018). Available at: https://www.npr.org/sections/thetwo-way/2018/05/04/608477798/u-s-trade-team-leaves-china-talks-without-any-big-breakthroughs.

国务院关税税则委员会,《国务院关税税则委员会关于对原产于美国500亿美元进口商品加征关税的公告》,国务院关税税则委员会公告2018年第5号。

Giles, C.. 2018. "IMF chief warns trade war could rip apart global economy," (online; cited June 2018). Available at: https://www.ft.com/content/c8c4bb22-3ccd-11e8-b9f9-de94fa33a81e.

韩洁、于佳欣、刘红霞,2018年,《寻求中美利益的最大交集——中美经贸磋商传递的信号》(网络,2018年6月引用)。可查阅:http://www.xinhuanet.com/fortune/2018-05-05/c_1122786033.htm。

Heatley, J.. 2017. "After 100 days and much hype, U.S.–China talks fall flat," (online; cited June 2018). Available at: https://www.

forbes.com/sites/insideasia/2017/ 07/21/after-100-days-and-much-hype-u-s-china-talks-fall-flat/#148356782010.

Irwin, N. and A. Rappeport. 2016. "Donald Trump adopts G.O.P. tax cuts, but balks at trade pacts," (online; cited June 2018). Available at: https://www.nytimes.com/2016/08/09/us/politics/donald-trump-economy-speech.html.

ITEP (Institute on Taxation and Economic Policy). 2017. "Richest Americans benefit most from the tax cuts and jobs act," (online; cited June 2018). Available at: https://itep.org/wp-content/uploads/housetaxplan-1.pdf.

Jacobson, L.. 2010. "Do presidents always get 'shellacked' in midterm elections?" (online; cited June 2018). Available at: http://www.politifact.com/truth-o-meter/statements/2010/sep/07/mary-jordan/do-presidents-always-get-shellacked-midterm-electi/.

Lu, F.. 2016. "Economic background of Trump's shock," (online; cited June 2018). Available at: http://www.ftchinese.com/story/001070766?full=y&archive.

Lu, F.. 2017. "Economic Opinions of Mr. Trump," *International Economic Review*, No. 1, pp. 87–101.

Lu, F. and S. S. Li. 2018. "Reorientation of the U.S. economic and trade policies towards China and the growing risks of trade war between the two countries," *International Economic Review*, No. 3, pp. 64–86.

Navarro, P.. 2006. *The Coming China Wars: Where They Will Be Fought, How They Can Be Won*, New Jersey: FT Press.

Navarro, P. and G. Autry. 2011. *Death by China: Confronting the Dragon—A Global Call to Action*, New Jersey: Pearson Prentice Hall.

Navarro, P.. 2015. *Crouching Tiger: What China's Militarism Means for the World*, New York: Prometheus Books.

Obstfeld, M.. 2018. "Global economy: good news for now but trade tensions a threat," (online; cited June 2018). Available at: https://blogs.imf.org/2018/04/17/global-economy-good-news-for-now-but-trade-tensions-a-threat/.

Seitz-Wald, A.. 2017. "Everything you need to know about the 2018 midterm elections," (online; cited June 2018). Available at: https://www.nbcnews.com/ politics/elections/everything-you-need-know-about-2018-midterm-elections-n832226.

Summers, L. H.. 2014. "U.S. economic prospects: secular stagnation, hysteresis, and the zero lower bound," *Business Economics*, Vol. 49, No. 2, pp. 65–73.

Time staff. 2016. "Read Donald Trump's Speech on Trade," (online; cited June 2018). Available at: http://time.com/4386335/donald-trump-trade-speech-transcript/.

U.S. Department of Commerce. 2017. "Joint release: Initial results of the 100-day action plan of the U.S.–China Comprehensive Economic Dialogue," (online; cited June 2018). Available at: https://www.commerce.gov/news/press-releases/2017/05/joint-release-initial-results-100-day-action-plan-us-china-comprehensive.

USTR (Office of the United States Trade Representative). 2017. *2017 Trade Policy Agenda and 2016 Annual Report* (online; cited June 2018). Available at: https://ustr.gov/sites/default/files/files/reports/2017/AnnualReport/ AnnualReport2017.pdf.

USTR (Office of the United States Trade Representative). 2018. "USTR Issues Tariffs on Chinese Products in Response to Unfair Trade Practices," (online; cited June 2018). Available at: https://ustr.gov/about-us/policy-offices/press-office/press-releases/2018/June.

Wei, L. L.. 2018. "U.S. and China make scant progress in trade talks," (online; cited June 2018). Available at: https://www.wsj.com/articles/u-s-wants-200-billion-cut-in-china-trade-imbalance-by-end-of-2020-1525419253.

White House. 2017a. "Statement from the Press Secretary on the United States-China Visit," (online; cited June 2018). Available at: https://www.whitehouse.gov/briefings-statements/statement-press-secretary-united-states-china-visit/.

White House. 2017b. "National Security Strategy of the United States of America," (online; cited June 2018). Available at: https://www.whitehouse.gov/wp-content/uploads/2017/12/NSS-Final-12-18-2017-0905.pdf.

White House. 2018a. "Statement on the United States Trade Delegation's Visit to Beijing," (online; cited June 2018). Available at: https://www.whitehouse.gov/briefings-statements/statement-united-states-trade-delegations-visit-beijing/.

White House. 2018b. "Joint Statement of the United States and China Regarding Trade Consultations," (online; cited June 2018). Available at: https://www.whitehouse.gov/briefings-statements/joint-statement-united-states-china-regarding-trade-consultations/.

White House. 2018c. "President Donald J. Trump is confronting China's unfair trade policies," (online; cited June 2018). Available at: https://www.whitehouse.gov/briefings-statements/president-donald-j-trump-confronting-chinas-unfair-trade-policies/.

White House. 2018d. "Statement on steps to protect domestic technology and intellectual property from China's discriminatory and burdensome trade practices," (online; cited June 2018). Available at: https://www.whitehouse.gov/ briefings-statements/statement-steps-protect-domestic-technology-intellectual-property-chinas-discriminatory-burdensome-trade-practices/.

Xinhua News Agency. 2016. "Trump's 'Gettysburg Address'" (online; cited June 2018). Available at: http://finance.ifeng.com/a/20161024/14957521_0.shtml.

Yoon, E.. 2017. "Here's who wins with the new US–China trade deals," (online; cited June 2018). Available at: https://www.cnbc.com/2017/05/12/heres-who-wins-with-the-new-us-china-trade-deals.html.

第 8 章
不断变化的世界秩序所展现的代谢特征

陈平[①]

对斯密《国富论》的新认识

美国总统特朗普发起的贸易战,就国际分工中贸易失衡的根源进行了追问。这个问题可以追溯到亚当·斯密《国富论》(1787年出版,第一卷,第三章)中提到的基本矛盾。亚当·斯密思想的核心是乔治·斯蒂格勒(George Stigler,1951)提出的斯密定理,即"劳动分工受市场规模的限制"。这意味着规模报酬不断递增的驱动力是市场份额竞争,而非成本和价格竞

[①] 本文最初发表于北京大学"中国与西方:国家在经济增长过程中的作用"国际会议,2019 年 3 月 22—23 日,中国北京。

争。而市场份额竞争也破坏了全球市场在国际分工方面的协调力（Chen，2014）。不管是从复杂经济学角度来看，还是从新古典经济学的角度来看，这都是核心挑战（Arthur，1994）。

众所周知，在规模报酬不断递增的情况下，供给曲线已消失无踪，长期均衡也不可能存在。从数学角度来看，斯密定理意味着福利经济学中两个基本定理的失效（Mas-Colell等，1995）。它们失败的原因有二。其一，由于环境的波动和创新的不确定性，任何经济参与者都无法在没有花费巨大信息成本的情况下获得完全信息。其二，规模经济的变化意味着企业行为处于非凸集（non-convex set）。当新技术处于起飞阶段时，规模报酬递增阶段不存在供给曲线。当经济规模达到资源极限时，供给曲线趋于垂直。这是对新古典经济学微观经济理论中一般均衡理论和福利经济学定理的根本挑战，因为它们拒绝包含规模报酬变化的非凸集。请注意，牛顿力学与非线性和确定性混沌相容，但与新古典经济学不相容（Chen，2010）。

在工业化的历史进程中，不稳定的微观竞争与稳定的宏观协调之间存在着相互冲突的经济力量。单靠斯密理论中的"看不见的手"这一机制无法维持贸易平衡并实现自我稳定的"有效市场"。全球化的可持续性受到了保护主义崛起和日渐增长的不满情绪的威胁（Stiglitz，2017）。

历史上的持续贸易失衡

科学理论应该从经验观察而非人的观念出发。国际分工中持续的贸易失衡背后存在多种经济机制。

第一，斯密低估了双边贸易的复杂性，因为他关于"看不见的手"的故事是基于一个简单的场景，即阿姆斯特丹商人"将玉米从哥尼斯堡运往里斯本，再把水果和葡萄酒从里斯本运往哥尼斯堡"（使用同一艘船）必须具有相同的交换价值（Smith，1776，第四卷，第二章）。而问题在于，去程贸易总额可能不等于回程贸易总额，因为不同的产品具有不同的单位价值。气候和环境方面的差异造成了双边贸易需求的不对称。一个著名的例子就是19世纪英国和中国之间的巨额贸易逆差。中国消费者对英国羊毛产品的需求不大，因为中国的气候不像英国那样潮湿凉爽。这就是为什么英国商人很难找到可交易的商品来平衡英国对中国茶叶和丝绸的需求。

第二，当汇率受到宏观政策和地缘政治的影响时，多边贸易的失衡无法通过相对的大宗商品价格进行调整。经济地理学中的集群效应也可能导致持续的贸易失衡（Krugman，1992）。供应链由运输网络和地缘政治区块所决定，而它们也是对外贸易中交易成本和套利壁垒的重要来源。例如，中国对澳大利亚和巴西的贸易逆差很大，因为中国需要大量的铁矿石、铜和农产品等原材料。中国与德国、日本和韩国在先进工业机械和零部件方面也存在巨额贸易逆差，因为中国在这些领域的技术地位已经落后了几十年。但与德国、日本和韩国相比，美国自1950年以来施行的对中国的技术转让禁令让它的技术在中国的市场份额很小。美中之间的巨额贸易逆差主要是由美国的贸易政策而非中国的贸易壁垒形成的。

第三，制造业产品的贸易不平衡很大程度上取决于技术进步的发展阶段和劳动力成本。对于原材料、粮食和制成品的生产，规模经济是保持平均成本处于低位的主要因素，而受劳动标准和环境法规的约束较少。

第四，在金融领域，高回报的金融业可能会促使英美等国在未来几十年里继续维持巨额贸易逆差。

基于上述观察，我们可以看到，新古典贸易理论中以零关税、零障碍和零补贴为特征的零交易成本的乌托邦世界，在现代世界历史中从未存在过（Irwin，1998）。

在现实世界中，处于一个封闭系统内的成本和价格竞争从长期来看存在着均衡趋势，但在开放系统内则全然不同。诸如希腊或阿根廷这样的中等国家，在全球市场的频繁冲击下很难维持市场均衡。动态的复杂动力学与静态的新古典经济学之间存在着根本区别，因为在静态框架下无法预测时间轨迹。

我们可以从历史中吸取教训。大英帝国花了近170年的时间来平衡英中贸易。英国使用了强有力的"看得见的手"，包括发动鸦片战争、通过政府补贴修建印度铁路（运输印度东北部新种植的茶叶）和移民政策等（Pomeranz and Topik，2006）。改变贸易不平衡需要长期的结构调整，而非短期的价格调整。

与大英帝国不同，二战以来美国的国际收支状况因地缘政治原因出现了惊人的U形反转。美国在商品和服务贸易方面持续保持顺差,包括从二战到1970年的经常账户和金融账户所保持的顺差。二战后,美元被用作世界储备货币。美国的巨额贸易逆差始于20世纪70年代中期,越南战争期间,美国将民用工业外包给日本和亚洲四小龙。从1982年起,美国经常账户就一直保持赤字,金融账户从1983年起也一直保持赤字。里根总统的减税政策和星球大战计划则开始增加外债,以弥补预算赤字。不幸的是,美国在金融领域的主导地位并没有扭转其在国际交易中的亏空,因为美国的服务贸易顺差仅占其商品贸易逆差的1/3左右。美国与日本和德国的贸易战并没有解决自20世纪80年代以来长期存在的贸易逆差问题。其结果是:首先,美国在20世纪七八十年代将制造业外包给"亚洲四小龙",然后从90年代开始外包给中国。近些年的美国国际交易记录见表8.1。

表8.1 美国经常账户和金融账户的持续赤字(单位:10亿美元)

年份	1980	1990	2000	2010	2018	合计(2000—2018)
商品贸易净额	-26	-111	-447	-649	-891	-13135
服务贸易净额	6	30	74	154	269	2877
经常账户	2	-79	-403	-431	-488	-9576
金融账户	25	-58	-498	-446	-520	-9356

资料来源:美国商务部经济分析局(BEA)《国际收支》,发布日期:2018年3月21日。

从持续的国际收支不平衡可以看出全球化非平衡的本质（见表8.2）。一些国家持续赤字，而另一些国家则持续盈余十数年。

表8.2 按指标分类的国际收支：主要国家的经常账户（单位：10亿美元）

年份	2005	2008	2010	2015	2018	合计
美国	-745	-681	-431	-407	-490	-7100
英国	-49	-114	-78	-143	-110	-1407
巴西	13	-28	-79	-54	-41	-578
印度	-10	-30	-54	-22	-65	-508
法国	-143	-28	-22	-9	-19	-261
俄罗斯	84	103	67	67	113	968
日本	170	142	220	136	174	2047
中国	132	420	237	304	49	3105
德国	133	213	196	288	291	3329

资料来源：IMF；基于经常账户的国际收支分析；IMF数据库，2020年2月11日。

国家的权力与财富

在名义价格偏离实际价格时，市场支配力植根于不平等的竞争和不平等的交换（Smith，1776，第一卷，第五章），同时还取决于国际宏观协调和金融政策中的非对称议价能力。在国际金融中，主要贸易伙伴之间的汇率不断变化且不可预测，我们并无可靠的方法从名义价格波动不停的过往中识别真实价值。实际价值与名义价格的偏差为衍生品市场的金融投机创造了巨大空间，而衍生品市场是劳动分工市场支配力的根本来源。

亚当·斯密写出了《国富论》，但没有回答何为财富。这个问题很棘手，因为在市场交易理论不考虑技术兴衰所产生的不确定性时，单靠双边交易并不能创造财富。在以大规模生产为特征的规模经济经常压低平均成本、利润率和商品价格时，技术进步不一定会增加社会财富。例如，计算机技术就取得了巨大的进步，但具有讽刺意味的是，人们普遍享受着越来越多的计算机技术应用带来的好处和迅速下降的成本，但过时的计算机却很少有机会保持其原有的价值。相比之下，烹饪技术的进步要慢得多，而餐饮业的利润率却高于计算机行业。

亚当·斯密在引用英国政治哲学家托马斯·霍布斯的观点"财富即权力"时有所保留（Smith，1776，第一卷，第五章）。在针对资源和贸易路线的市场份额竞争中，军事力量会增强竞争和议价中的经济支配力；美国中东战争就与获取石油美元的权力斗争密切相关（Clark，2005）。

国力的一个明显指标是其军事预算（国际战略研究所，2020）。美国2020年的军费预算为6846亿美元，超过紧随其后的中国、沙特阿拉伯、俄罗斯、印度、英国、法国、日本、德国、韩国、巴西和意大利等11个国家的军费预算总和。

国际统计中有两种类型的GDP。涉及军事力量的研究，我们使用GDP（按购买力平价计）来比较表8.3中的军费开支。对于货币市场，我们通过GDP（官方汇率计）和表8.4中给出的储备货币比率来衡量国家的金融实力。

表 8.3 GDP 与军费开支的世界占比（%）

国家 年份	美国	中国	日本	德国	法国	英国	俄罗斯	印度
GDP （按购买力 平价计）2017	15.3	19.8	4.3	3.3	2.2	2.3	3.1	7.4
军费开支 2018	35.6	13.7	2.6	2.7	3.5	2.7	3.4	3.7

资料来源：GDP（按购买力平价计）数据（2017）基于美国中情局《世界概况》（World Factbook）；军费开支数据（2018）来自斯德哥尔摩国际和平研究所（SIPRI）。

表 8.4 2017 年 GDP、贸易总额和世界储备金率（%）

地区	美国	欧盟	日本	英国	中国	瑞士	加拿大	澳大利亚
GDP （官方汇率计）	24.3	21.3	6.1	3.2	15.0	0.85	2.1	1.7
贸易总额	12.8	11.4	3.8	2.8	10.6	1.6	2.3	1.2
货币类别	美元	欧元	日元	英镑	人民币	瑞士法郎	加元	澳元
储备金	61.7	13.7	5.2	4.5	1.9	0.14	1.8	1.6

资料来源：GDP（按官方汇率计）数据（2017）来自美国中情局《世界概况》；IMF 的储备货币比率来自 IMF COFER（官方外汇储备货币构成）数据。

从表 8.3 和表 8.4 可以看出，美国的军事和金融实力超过其经济规模。然而，军事和金融权力的过度扩张可能无法维持其经济实力（Kennedy，1989；Arrighi，2010）。历史上大国的兴衰可以从 GDP 占比的持续变化来观察（见表 8.5）。通过代谢增长理论可以更好地理解这种历史模式，因为索洛的外生经济增长理论可以预测收敛趋势，罗默的内生增长理论可以预测发散趋势，但只有代谢增长理论才能解释工业化时期旧势力的衰落和工业化国家的崛起。其根本驱动力并非人口、资本和知识积累，而是旧技术的衰落和新技术、新产业的兴起（Chen，2014）。

现在，我们已经对近代历史上不断变化的世界力量有了清晰的了解（见表8.5）。

表 8.5　历史上主要国家世界 GDP（按购买力平价计）占比（%）

年份	中国	印度	日本	英国	德国	美国	苏联/俄罗斯
1500	24.9	24.4	3.1	1.1	3.3	0.3	3.1
1700	22.3	24.5	4.3	10.2	3.7	0.1	4.3
1820	32.7	16.1	3.0	5.2	3.9	5.4	3.0
1900	11.1	8.6	2.6	9.4	8.2	15.8	7.8
1950	4.6	4.0	3.0	6.5	5.0	27.3	3.0
1978	4.9	3.3	7.6	3.8	5.5	21.6	7.6
1990	7.8	4.0	8.6	3.5	4.7	21.4	7.3/4.1
2017	18.2	7.4	4.3	2.3	3.3	15.2	3.1

资料来源：2017年数据来自美国中情局《世界概况》（2019）；历史数据来自麦迪森数据库（2007）。

从表8.5可以看出，英国的GDP占比在1700年达到峰值，但在1820年被美国超越。美国GDP占比在1950年达到 27.3% 的峰值，然后持续下降，在 2017 年降至 15.2%。而中国的 GDP 占比则从 1950 年的 4.6% 稳步上升到 2017 年的 18.2%，这是近 70 年的历史趋势，并非中国 2001 年加入世贸组织后的近期记录。

全球化背景下贸易持续失衡的可能因素

让我们来看一下与贸易平衡相关的可能因素，例如储蓄和工业占比（见表 8.6）。

表 8.6 主要国家贸易的宏观因素（2017）

项目/国家	美国	日本	德国	法国	英国	俄罗斯	中国	印度
增长率（%）	2.2	1.7	2.5	2.3	1.7	1.5	6.9	6.7
储蓄率（%）	18.9	28.0	28.0	22.9	13.6	26.5	45.8	28.8
工业占比（%）	19.1	30.1	30.7	19.5	20.2	32.4	40.5	23.0
经常账户（10 亿美元）	-449	196	291	-15	-99	35	164	-48

资料来源：美国中情局《世界概况》（2019）。

如果我们比较表 8.2 和表 8.6，可以看到发达国家的经常账户持续失衡。引人注目的一点是，德国和日本有着持续贸易顺差，而美国和英国有着持续贸易逆差。显然，发达国家的贸易地位与其收入和技术水平几乎没有什么相关性。没有证据支持特朗普总统主张发动一场贸易战的论点，例如在发达国家中存在政府补贴和窃取技术。在新兴国家中，印度和巴西与中国相比，获得西方技术和资本的地缘政治机会更多，但它们的经常账户余额为负数，而中国则为正数。我们需要探索其他因素，才能了解美中贸易不平衡的根源。

我们可以从以下事实研究微观层面的贸易平衡与宏观和中观层面的结构之间的关系。

首先，工业占 GDP 的比重在贸易平衡中最为关键。例如，美国、英国、法国和印度四个国家存在巨额贸易逆差。它们的工业占 GDP 的比重都在 25% 以下。其中，美国的工业占比最低，为 19.1%，贸易逆差也最大。相比之下，德国、日本、中国等贸易顺差国家的工业占比都在 30% 以上。美国金融部门的过度扩张可能在挤出美国的制造业方面发挥了主要作用（Johnson，2009）。

其次，储蓄率对贸易平衡也很重要（Feldstein，2008）。在英国和美国的储蓄率低至 14% 和 19% 时，它们的贸易逆差非常大。中印两国都实现了高速增长，但同时它们的储蓄率和贸易状况又各有不同。当然，仅靠高储蓄率未必能带来高增长率。

最后，没有证据表明贸易平衡可以通过产权制度等制度性安排来保证，因为美国、日本和欧洲国家的产权制度相似，但德国和日本有着持续的贸易顺差，而美国、英国和法国有着持续贸易逆差。中国作为高速增长的发展中大国，拥有较大的贸易顺差，而印度却有着较大的贸易逆差。所有这些国家都是世贸组织的成员，但没有证据表明贸易模式是由世贸组织规则决定的。

应该指出一点：冷战的巨大代价可能是苏联和美国经济衰退的主要原因（Stiglitz 和 Bilmes，2008）。到目前为止，美国在朝鲜、越南、中东和阿富汗的战争总成本以 2019 年美元计算约为 8 万亿美元（Harrington 和 Sunesun，2009；Macias，2019）。相比之下，美国在 1960—2018 年累计的贸易和服务逆差为 11.5 万亿美元（Lou，2020；BEA，2020）。

我们推测：过度的军费开支和消费开支是美国这几十年来持续贸易逆差的主要原因。从中我们可以理解特朗普改变美国外交政策的一个因素：如果美国不再扮演世界警察的角色，那么美国在推进新技术与和平发展方面将有更好的基础与中国进行建设性而非破坏性的竞争。

劳动分工在规模报酬变化时的三个约束条件

复杂经济学引入了一种新方法来理解古典经济学和新古典经济学中看似矛盾的经济特征（Chen，2014，2019）。我们建立了一个从代谢增长的全新视角来了解大国兴衰背后的动力机制，可以将总体经济增长分解为一系列技术小波（见图 8.1）。

在这里，受市场范围或资源限制的增长轨迹可以使用 S 形逻辑斯蒂增长（logistic growth）来描述。技术竞争导致新技术的兴起和旧技术的衰落。输出包络线直观反映了宏观经济增长的不均衡趋势和经济的周期波动。

逻辑斯蒂竞争

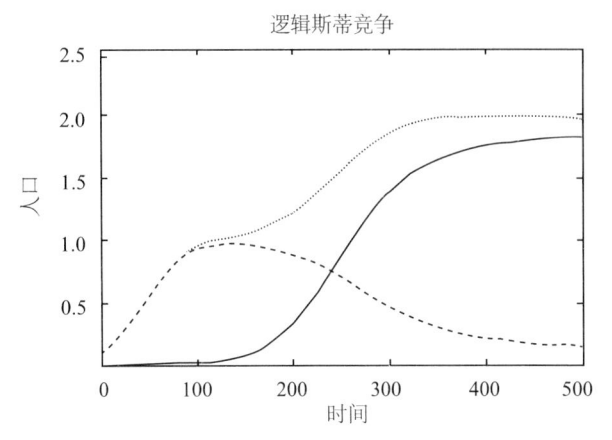

注：当新技术（实线）出现时，旧技术（断续线）开始下降。输出包络线（点划线）代表所有技术输出的总和。在这里，计算模拟中采用任意单位。

图 8.1　以逻辑斯蒂小波的升降为特征的代谢增长

我们将斯密定理扩展为一般定理，即劳动分工受到三个约束条件的限制，包括市场范围（我们通常称之为规模经济）、由技术定义的自然资源数量（我们或可称之为范围经济）和环境波动（Chen，2010，2014）。我们发现了在生态约束下复杂系统的稳定性和复杂性之间的此消彼长的关系。经济增长的驱动力不是基于现有知识积累的所谓内生增长（Romer，1986），而是随着新技术的兴起和旧技术的衰落而产生的代谢性增长（Chen，2014）。

国际劳动分工的本质是非均衡的动态过程，它导致了大国的兴衰。市场支配力的来源是市场份额、技术优势、资源可用性，以及金融和军事实力的综合。这就是经济危机常常与战争和冲突联系在一起的原因。科斯定理忽略了这样一个事实：利益冲突可能无法通过市场机制来解决，这并非因为交易成本高，而是因为追求财富和权力的非对称博弈往往没有均衡解（Coase，1960；Chen，2007）。

现代化的范式转换与中国的新发展模式

现在，我们正面临工业化的范式转变。全球变暖是由大规模生产引起的，它以破坏生物多样性为代价加剧了能源耗散。在医疗成本上升，导致福利国家的财政负担难以承受时，金融危机就会引发生态危机。在就业机会减少而人口不断增长的大背景下，自动化和高能耗技术的快速进步是不可持续的。自由资本主义代表的盎格鲁-撒克逊模式暴露了其在工业现代化中的严重局限性。一个新问题是各国围绕技术变革和全球变暖进行的国家间协调。一个拥有长期规划且富有远见的政府对于这种从"看不见的手"到"协调之手"的范式转变至关重要。

中国现代化模式的特点是双轨制改革，其间伴随着由地方竞争和中央协调驱动的分权试验模式。能源、交通、粮食、基础物资等大规模生产引导的规模经济，使中国成为制造业领域的竞争力强国；产品种类繁多的范围经济为数以百万计的小企业创造了一个巨大的出口市场。规模化生产由于投资负担重、营销风险高，利润率通常较低，而范围经济则形成了竞争者较少、利润率较高的利基市场。规模经济属于资本密集型经济，而范围经济是劳动密集型经济，因此范围经济可以在宏观经济中创造更多的就业机会，同时减少社会负担；而基于集体土地所有制的低成本福利为寻求城市产业机会的农民提供了一张社会安全网。混合经济体包括国有企业（负责基础设施长期投资的国有企业）、私营部门（负责快速创新）、集体乡镇企业（负责创建低成本劳动密集型产业的乡镇企业）、跨国公司（拥有先进的技术和管理经验）和经济特区的自由贸易。所有这些市场力量的结合带来了快速增长、技术创新、管理进步和建设性竞争。政府在涉及三个方向的产业政策和环境监管方面发挥积极作用，包括自下而上的实验（从经济特区和乡镇企业开始）、自上而下的指导（五年计划和产业政策）和横向协调（相互竞争的地方区域和产业部门）。

中国在基础设施投资、绿色经济、新型城乡融合发展等方面都拥有长期发展规划。

中国发展中的上述所有特征都展示了（市场力量的）看不见的手、（地方和中央政府的）看得见的手和（公民社会的）有思想的头脑之间合作（而非对抗）互动的新模式。发展中国家和发达国家都可以从中国的实验中汲取经验。除了英美模式之外，中国还应该从德国、日本、北欧国家、新加坡、以色列等其他市场模式中吸取诸多经验教训。例如，德国和日本可以在中国的"一带一路"倡议中发挥更积极的作用。北欧国家、新加坡和以色列在技术和教育方面的创新可能会在中国、亚洲和拉丁美洲找到更大的市场。对于美国来说，如果它能将中国视为国际事务中的建设性伙伴而非战略竞争对手，将拥有更安全的国际环境，从而减轻财政负担。在美国，如果医疗行业引入私人和公共组织之间的竞争，将大大降低其医疗成本。对中国来说，中西医结合可以推动我们的医学知识进步，提高公共卫生效率。

变化中的世界秩序与新经济思维

从代谢增长的角度来看，当前美国的保护主义政策无法创造足够的就业机会，因为新的信息和通信技术是知识密集型，其变化速度之快使得它摧毁的旧工作岗位多于创造的新工作岗位。我们观察到，加利福尼亚州和美国主要城市的高科技中心附近的无家可归者人数在不断增加。当竞争力较弱的国家缺乏发展竞争性产业的动力时，欧盟旨在提高集权化的政策可能会增加而不是降低区域差异。更危险的行动趋势是通过军事联盟解决中东、南亚和拉丁美洲因年青一代失业率上升引起的地区冲突。同时，发达地区的快速老龄化导致其无法保持在劳动力和技术市场中的竞争力。

均衡思维总是在构筑对立的情境：善与恶，白与黑。复杂性思维则意味着多样性和演化，例如"三即混沌"（three implies chaos）以及"混沌产生秩序"（order out of chaos；见

Prigogine，1984）。在美国，旧主导力量的崩溃造成了大萧条的严重威胁。我将在第3节中讨论这个问题。

技术生命周期与国际贸易中合作和竞争的新视角

技术生命周期可分为四个阶段：婴儿期、青年（成长）期、成年（成熟）期和老年（衰退）期（见图8.2）。

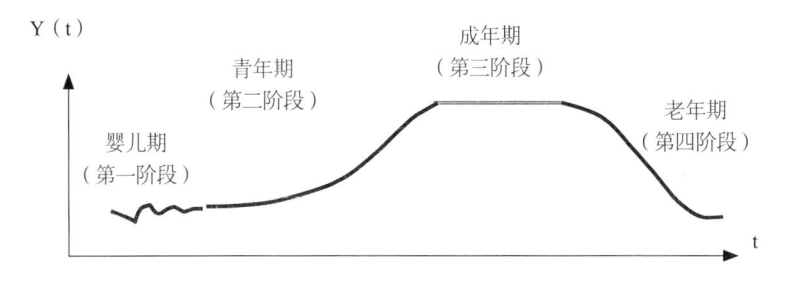

图 8.2　技术生命周期的四个阶段

从图8.2中，我们可以理解为什么政府可以在技术小波的不同阶段扮演不同的角色（Chen，2014）。在婴儿期，研发领域的竞争与合作能够减少不确定性，使得所有国家受益（Chang，2002）。大多数基础研究对公众开放，没有太多的商业激励。政府和非营利组织在技术生命的婴儿期发挥着重要作用。

在青年（成长）期，市场竞争是技术应用和传播的驱动力。但是，竞争并不排斥国际分工在不同层次的合作。例如，汽车和手机可以是美国研发、欧盟设计和中国制造的整合。对很多产品而言，这种生产模式都已经被证明会带来多方合作共赢，前提条件是美国在研发上遥遥领先，欧盟在艺术设计上强压各方，而中国在市场规模、供应链集中度等方面拥有比较优势，加上中国地方政府的积极支持。值得注意的例子是苹果和大众汽车：它们的研究和设计分别在美国或欧洲，零件由东亚国家供应，而生产过程发生在中国。

在成年（成熟）期，商品市场价格的大幅波动对生产者和消费者都有害无益。我们需要一部国际反垄断法来稳定国际商品市场。进出口国家之间的长期互利合同可以通过金融工程来实现，例如主要大宗商品出口国和进口国之间旨在利润风险共担的利率上下限期权。它的定价可以通过一个移动的时间窗口自动滚动，这样我们就可以有效地控制大宗商品市场在一个固定区间内的价格波动幅度。

在老年（衰退）期，各国政府和社会组织之间的国际合作对于从落后产业向新技术转型至关重要。节能生活方式对于适应气候变化至关重要。改革游戏规则是必要的，尤其是广告和法律制度。当前"赢家通吃"的规则应该改变为创新者、投资者、管理者、工人和整个社会共享发展成果的规则。

我们可以从图8.2中理解发达国家的有益经验。比如中国的国企改革可以借鉴美国的赠地大学和整合了公共资源和私人激励的捐赠基金模式。我建议将中国的国有资产分为三部分：1/3用于社会福利，1/3用于安全和基础设施，1/3用于大学捐赠基金，这样可以将科研、制造、营销和地方社区整合成一个有机组织。合作性竞争而非排他性竞争是分散风险、激发创新的关键。

数字经济的机遇与风险

数字经济的主要优势是基于买方订单的生产，降低了生产过剩的风险。它的主要危险是虚拟经济和网络货币在没有政府和国际组织适当监管的情况下造成的不确定性。

2008年金融危机的根本原因是衍生品市场的崩溃。我们的研究表明，布莱克–舒尔斯模型（Black-Scholes model）中的期权定价理论存在根本性缺陷。它的基本模型是布朗运动，该运动本质上是爆炸性的。金融市场的更好选择是生灭过程模型（Chen，2010；Tang and Chen，2014，2015）。这个问题对于理解2008年金融危机的根源至关重要。衍生品市场的规模大约是美国GDP的30~50倍，是世界GDP的8~10倍（BIS，2019）。它可能成为世界经济中具备大规模杀伤性危害的金融武器。究其原因，是因为衍生品市场属于短期投机，而产业增长是长期发展。宏观货币和财政政策旨在解决中期商业周期产生的问题。小国或大国的弱势政府对于控制引发危机反复发生的大规模国际投机流动束手无策，这就导致了包括20世纪80年代的拉美债务危机、90年代的亚洲金融危机和储蓄贷款危机以及2008年的金融危机在内的危机事件。特朗普的贸易战、金融战,再加上金融放松管制,将为更大的经济不确定性和新的金融危机铺平道路。只有历史才能证明,如果没有大国之间的协调,"看不见的手"能否维持国际分工和贸易的平衡。历史早已告诉我们明确的答案。

改变世界秩序的历史教训

根据 Toffler(1980)的说法,工业革命带来的资源集中在 18—20 世纪于英国和美国创造了权力集中。以计算机技术为基础的信息革命带来的区域多元化将塑造一个开放的经济,而在技术竞争中则会存在多个中心。自冷战结束以来,这种新的信息技术一直在迅速改变世界的力量平衡。

在 2019 年 3 月于中国北京举行的会议上,劳伦斯·萨默斯在其演讲中从历史的角度提出了非常令人振奋的观察。[1] 他指出,二战后美国领导层面临三大挑战。第一次是苏联在 1957 年发射了人造地球卫星。第二次是日本在 80 年代对美国说不。中国的崛起可能是近代历史上的第三次。美国成功地应对了前两次挑战,他的问题是第三次挑战的结局是什么?我想就这个问题做进一步的讨论。

根据我们的观察,冷战不是一个在博弈论中常见的对称的两人博弈,而是一个随时间流逝而不断演化的非对称多人游

---

[1] 参见劳伦斯·萨默斯在"中国与西方:国家在经济增长过程中的作用"国际会议上的演讲,2019 年 3 月 22 日。

戏。苏联发射人造地球卫星造成的第一个挑战导致了美国和苏联之间的军备竞赛。苏联和美国都为此付出了沉重的经济代价。尽管美国声称自己是政治赢家，但在此期间崛起的德国、日本和"亚洲四小龙"才是真正的赢家。第二个挑战来自日本的工业扩张，这一过程并未持续多久，原因仅仅是因为日本本质上是一个依赖型经济体。日本在东亚金融危机期间未能创造一种亚元，因为美国不允许在欧元之后出现另一个货币竞争对手。日本没有能力像欧盟那样在亚洲形成地缘政治联盟，因此日本的技术实力无法转化为金融支配力。这就是为什么欧盟在政治经济上比日本强大的原因。在全球化的权力博弈中，经济规模和金融独立性至关重要。

当中国持有 1.4 万亿美元的美国债务时，萨默斯敲响了金融市场上的"恐怖平衡"（the balance of terror）的警钟（Fallows，2008）。我们对美元支配力在全球市场的可持续性也有类似的怀疑。中国无意取代美国成为世界警察，因为这样做为其带来的财政负担远大于经济收益。这是我们从冷战后苏联和美国的衰落中吸取的重要教训。当然，中国确实受益于开放的贸易体系，发展了规模经济和范围经济。我们希望建立一个国际合作和网络化的新世界，无论政治制度和宗教信仰如何，因为我们生活在同一个地球村。国际分工的多中心协调对于解决气候变暖、生态危机、金融稳定和贫困等全球性问题至关重要。没有一个国家能够独自应对所有这些全球危机。

不断变化的全球化未来：危险与机遇

从全球角度来看，20 世纪的人口激增是世界经济面临的最大挑战，因为发达国家的老龄化社会无法在西方民主模式下应对全球化（Rostow，1998）。

如果发达国家拒绝向发展中国家转让技术，当非洲和拉丁美洲无法为本国的年轻人创造足够的就业机会时，这些发达国家采取的保护主义将无法抵御来自发展中国家的移民浪潮。从长远来看，美国的保护主义政策可能会使美国经济状况变得更糟，因为处于老龄化的美国对从事农业、建筑和护理服务业的低成本辛苦工作的劳动力需求会越来越大。例如，美国农业严重依赖来自墨西哥的季节性劳动力人群，美国医院护士严重短缺，而菲律宾移民能够填补这一供应缺口。即使在贸易战的高峰期，美国仍在继续将服务工作外包给印度，其中包括对通信行业的技术支持以及会计和法律数据录入。美国持续工作外包的驱动力是企业对利润的贪婪，而非社会责任，这是中国民营企业与国有企业等公共公司的本质区别。社会主义在医疗和教育改革中的兴起成为美国总统竞选的主要议题之一。这种政治变革远比 20 世纪 70 年代的历次民权运动更为深刻。

历史教训表明，大萧条的真正原因是缺乏新的国际协作（Kindleberger，1986）。英国主导的全球化瓦解后，新的英、美、法三巨头未能协调一致，以避免贸易战，最终以第二次世界大战的方式结束。今天，如果新的三巨头（美国、中国和欧盟）能够协调处理全球问题，将大大减少这个复杂世界中的不确定性。

考虑一下最坏的情境，即使中美间当前的贸易战升级到全无保留的规模，例如最近的新冠病毒全球大流行一样的级别，由于中国拥有在外国入侵下整合团结举国之力的悠久历史，中国在面对外部冲击时会更具韧性。

根据我的观察，受英国脱欧的鼓励，美国有可能因贸易战凸显的经济问题而出现内部分裂。一些地区因素将美国与得克萨斯州以及富含页岩油和天然气的南部各州分裂开来；而且面对来自俄罗斯和欧佩克国家的激烈竞争，它们的出口需要像中国这样一个庞大而稳定的市场。加州和美国西海岸的高科技产业也需要庞大且不断增长的市场来收回其海量的研发投资。如果它们失去了中国市场，它们的利润将大幅下降，并在全球竞争中丧失优势。美国中西部地区的农业部门将无法维持下去，因为中国是它们农业出口的主要市场。

据我的观察，贸易战对美国造成的伤害要大于对区域多样性的中国的伤害，因为中国沿海地区出口的衰退会刺激内陆地区的发展。我不支持贸易战，但我对中国经济在贸易战威胁下可能取得的结果感到乐观。在汉语中，"危机"一词既包含"危"，即危险，也包含"机"，即机遇。

如果特朗普总统能够减少美国的海外军事活动，节省资金用于国内建设，他真的可能会"让美国再次伟大"。但如果特朗普相信他可以用他那反复无常的威胁和各种单方面要求来主导新的世界秩序，他很可能会让美国再次大失所望。

这场关于"中国与西方"的对话对于人们理解国家在经济增长中的新作用可谓是效果满满。一个与此相关的问题是各国如何开展协作，共同面对不断变化的世界。当前以规则为基础的国际秩序以西方价值观和利益为中心，而以协作为基础的世界秩序需要经济学和政治思想上的新思维。

参考文献

Arrighi, Giovanni. *The Long Twentieth Century, Money, Power, and the Origin of Our Times*, Verso: New York (2010).

Arthur, W. Brian. *Increasing Returns and Path Dependence in the Economy*, University of Michigan Press: Ann Arbor, MI (1994).

BEA, Table 1.1, U.S. International Transactions, Bureau of Economic Analysis, US Department of Commerce (2020).

BIS, Table D5.1, Global OTC derivative market (in billions of US dollars).

Chang, Ha-Joon. *Kicking Away the Ladder: Development Strategy in Historical Perspective*, Anthem Press: London (2002).

Chen, P.. "Complexity of Transaction Costs and Evolution of

Corporate Governance," *Kyoto Economic Review*, 76(2), 139–53 (2007). Also, in Chen (2010), chapter 14.

Chen, P.. *Economic Complexity and Equilibrium Illusion: Essays on Market Instability and Macro Vitality*, Routledge: London (2010).

Chen, P.. "Metabolic Growth Theory: Market-Share Competition, Learning Uncertainty, and Technology Wavelets," *Journal of Evolutionary Economics*, 24(2), 239–62 (2014).

Chen, Ping.. "From Complexity Science to Complexity Economics," in Beker, Victor A. (ed.) *Alternative Approach of Economic Theory*, Chapter 2, pp.19–55, Routledge: London (2019).

CIA, The World Factbook. 2019. see: https://www.cia.gov/library/publications/ the-world-factbook/.

Clark, William R., *Petrodollar Warfare: Oil, Iraq and the Future of the Dollar*, New Society Publishers (2005).

Coase, Ronald H.. "The Problem of Social Cost," *Journal of Law and Economics*, 3(1), 1–44 (1960).

Fallows, James. "The $1.4 Trillion Dollar Question," *Atlantic*, February (2008).

Feldstein, Martin. "Resolving the Global Imbalance: The Dollarand the U.S. Saving Rate," *Journal of Economic Perspective*, 22(3), 113–25 (2008).

Harrington, John and Grant Sunesun. "What were the 13 most expansive wars in U.S. history?" *USA Today*, 13 June 2009.

IISS, The Military Balance, International Institute for Strategic Studies, Stockholm, www.iiss.org (2020).

IMF. Balance of Payments Analytic Presentation by Indicator, Current Account, data.imf.org.

Irwin, Douglas A.. *Against the Tide: An Intellectual History of Free Trade*, Princeton University Press: Princeton (1998).

Johnson, Simon. "The Quiet Coup," *Atlantic*, 303(4), 46–56 (2009).

Kennedy, Paul. *The Rise and Fall of Great Powers: Economic Change and Military Conflict from 1500 to 2000*, Vintage (1989).

Kindleberger, Charles P.. *The World in Depression, 1929–1939*, Revised and enlarged edition, Uiversity of California Press (1986).

Krugman, P.. *Geography and Trade*, MIT Press: Cambridge (1992).

Lou, Margaret M.. "The US Dollar's Woes and the Global Yuan," *China Institute*, *Working Paper*, No. 20200214, Fudan University: Shanghai, China (2020).

Macias, Amanda. "America has spent $6.4 trillion on wars in the Middle East and Asia since 2001," CNBC, 20 November 2019.

Maddison, Angus. *The World Economy: A Millennial*

Perspective/Historical Statistics, OECD: Development Center Studies (2007).

Mas-Colell, Andreu, Michael D. Whinston and Jerry R. Green. *Microeconomic Theory*, Chapter 16, Oxford University Press: Oxford (1995).

Pomeranz, Kenneth, and Steven Topik. *The World That Trade Created: Society, Culture, and the World Economy, 1400 to the Present*, 2nd ed., M.E. Sharpe: New York (2006).

Prigogine, I.. *Order Out of Chaos: Man's New Dialogue with Nature*, Bantam (1984).

Romer, Paul M.. "Increasing Returns and Long-Run Growth," *Journal of Political Economy*, 94, 1002–38 (1986).

Rostow, W.W.. *The Great Population Spike and After: Reflections on the 20th Century*, Oxford University Press: Oxford (1998).

Smith, A.. *The Wealth of Nations: An Inquiry into the Nature and Causes of the Wealth of Nations*, University of Chicago Press (1776, 1977): especially, Book I, Chapter III; Book I, Chapter V; Book IV, Chapter II.

Stigler, G.J.. "The Division of Labor Is Limited by the Extent of the Market," *Journal of Political Economy*, 59, 185–93 (1951).

Stiglitz, J.E.. *Globalization and Its Discontents Revisited:*

Anti-Globalization in the Era of Trump, Norton (2017).

Stiglitz, J.E., and L.J. Bilmes. *The Three Trillion Dollar War, the True Cost of the Iraq Conflict*, Norton (2008).

Sun Tzu, *The Arts of War*, Basic Books (1994).

Tang, Yinan and Ping Chen. "Time Varying Moments, Regime Switch, and Crisis Warning: The Birth-Death Process with Changing Transition Probability," *Physica A*, 404, 56–64 (2014).

Tang, Yinan and Ping Chen. "Transition Probability, Dynamic Regimes, and the Critical Point of Financial Crisis," *Physica A*, 430, 11–20 (2015).

Toffler, A.. *The Third Wave*, William Morrow: New York (1980).

第 9 章
全球经济贸易
紧张局势加剧背景下的印度和中国

阿尔温德·帕纳格里亚

本章旨在通过分析美国、中国和欧盟的发展状况来理清经济政策的可能趋势。虽然选择这几个占世界 GDP 总量 60% 以上的实体作为分析对象是很合理的做法,但却遗漏了一个重要的国家,那就是印度。根据 2017 年的 GDP 数据,印度是世界第七大经济体,但按照目前的增长趋势,印度预计将在 2025 年超过德国,2028 年超过日本。这意味着再过 10 年,印度将成为世界第三大经济体,仅次于美国和中国。

印度之所以重要,还有两个原因。首先,它拥有世界人口总量的 1/6 以上。在绝对人口规模上,印度目前排名第二,仅次于中国,但预计将在不到 10 年的时间内超过后者。其次,按人口计算，印度也是世界上最大的民主国家。印度是一个拥有70多年不间断民主记录的发展中国家，世所罕见。[1] 基于这两个原因，印度的经验及其未来10年的发展方向显得非常重要。对于与印度有着漫长边境线的中国而言，这一点尤其真实。

要了解印度的经验教给了我们什么，以及它的崛起对未来的影响，让我们首先了解一下印度经济发展的简要历史。

印度的经济简史

印度于1947年脱离英国，取得独立。经过制宪议会的漫长辩论，印度于1950年起草并通过了议会制政府的民主宪法。同时，印度还通过五年计划的方式启动了其经济发展计划。

印度将实现自给自足作为其发展战略的核心。在实践中，这一目标转化为努力使生产篮子与消费篮子保持一致，因此在极端情况下会形成一种内向的发展方法。不幸的是，当时发展经济学家之间的普遍共识也倾向于发展中国家选择进口替代工业化战略。因此，印度选择的道路并未遭到当时的经济学家和政策分析人士的强烈反对。

---

[1] 印度确实经历了一段根据《紧急法案》施政的短暂时期，在此期间，一些公民自由权利遭到限制，但这不过是时任总理英迪拉·甘地因选举而导致的短暂偏离正轨。甘地输掉了那次选举，体面地辞去了总理职务。

由于印度的领导层深受苏联发展模式的影响，印度一直通过大型公共部门来补充自给自足的贸易政策。此外，印度通过投资许可制度控制了所有超过适度门槛的私人投资。于是这些投资逐渐转向包含劳动密集型制造业的高度资本密集型部门，如服装、纺织品、鞋类、家具、厨具和许多其他专门为极小型企业保留的日用轻工制造业。在水泥、摩托车和汽车等特定产品因投资许可带来超额利润时，政府就顺势加强了价格和分配控制。

这种自给自足的许可证配额统治模式在印度一直施行到1991年。20世纪80年代虽然对边际控制有所放松，但这并不代表经济理念的根本转变。各类管制和几乎排除国际贸易的做法产生的影响，对提升效率产生了严重的不利影响。从1951—1991年的40年间，印度的年经济增长率仅为4.1%。随着人口每年增长2.2%，这种经济增长转化为人均收入增长时仅为每年1.9%。1991年，即该发展计划启动40年后，印度的人均收入未能翻一番。鉴于1950年的人均收入已经极低，即使人均收入翻一番，最好的结果也只是略微减少了贫困。

随着苏联的解体，以及中国在20世纪70年代后期开始向外贸和外资开放经济并逐步崛起，终于让一些印度高层官僚认识到自己错过了最佳发展时机，需要调整发展方向。这种思维转变也恰逢作风务实的总理纳拉辛哈·拉奥开始主政。1991年的国际收支危机为拉奥提供了改变经济进程的机会。他一举结束投资和进口许可制度，对外资开放印度经济，进而系统性降低进口关税。1991—1996 年，他大幅降低关税、放开金融部门并向私人投资者开放民航和电信市场。

不幸的是，拉奥在 1996 年的选举中落败，其后不到两年时间，印度就经历了三届短暂的政府。但在 1998 年，印度人民党的阿塔尔·比哈里·瓦杰帕伊成为印度总理并一直任职到 2004 年。在这 6 年中，他大力推动了几乎所有领域的自由化改革，同时还大规模推动印度的基础设施建设。印度贸易和外资政策进一步放开，私营部门获准进入保险业，对民营银行和外资银行的大门更加开放，通过电信新政掀起电信革命，民航系统也获得了重大发展动力。这一切的结果是，从 2003 年开始，印度经济上升到年均 8% 的增长轨迹。2003—2011 年，印度的年均增速为 8.2%。

最终，瓦杰帕伊在 2004 年的选举中落败，由国大党领导的团结进步联盟上台。团结进步联盟担任了两个完整的任期，执政至 2014 年。在团结进步联盟的第一个任期，改革几近停滞，拉奥和瓦杰帕伊的改革措施大部分被推翻。其第二个任期更是变本加厉，致使印度独立后早期的政策卷土重来，其中包括许多抑制经济增长的政策，如追溯性税收、严酷的土地征用法案、财政上不负责任的粮食安全法案和倒退的受教育权法案的实施。该届政府的最后几年还出现了中央政府决策的严重瘫痪。此外，重大基础设施项目因为环境理由遭到一致否决。其结果是印度的经济增长率从2003—2011年的8.2%降至2012—2013年的5.9%。

2014年，由印度人民党的纳伦德拉·莫迪领导的一个充满活力的新政府上台。该届政府将改革进程推回正轨：结束了追溯征税，恢复了财政约束，并采用了4%的通胀目标来锚定通胀预期；引入了统一的商品和服务税，使用针对全国每种商品的单一税取代了许多间接税；疏通了停滞已久的基础设施建设项目，加快基础设施建设扩张步伐，特别是在公路、民航等领域。此外，该届政府还取消了对汽油和柴油的补贴，大幅降低了燃气补贴。其结果是通货膨胀率和经常项目赤字显著下降。从2014—2017年，印度经济增长加速回到7.3%的平均增长率。

私营部门与公共部门：来自印度的教训

从印度70年的经历看，其公共部门的生产活动受到严格保护，而私营部门的生产活动受到严格限制。在1991年之前，印度经济主要由公共部门主导。包括银行、保险、电信、石油、民航、铁路和国防在内的几个行业没有私营部门参与或参与很有限。所有私营部门投资都受到严格的投资许可限制。政府将几乎所有劳动密集型产品保留给小型企业独家生产，不向大型企业颁发涉及这些产品的投资许可证，导致印度改革40年后的人均收入勉强达到1951年低位收入的两倍。印度在

1951年改革伊始极度贫困，40年后仍然如此。

私营企业从烦冗的许可证制度中解放出来，进入了以前由公共部门主导的产品生产环节以及对外贸和投资的开放，导致了经济增长率的跃升。2003—2017年的15年中，印度的平均增长率达到7.6%。在此期间，印度贫困率直线下降。

事实上，团结进步联盟在2009—2014年第二届任期的经历让我们认识到，回归旧的道路是要付出代价的。超出承受能力的食品补贴支出、严厉的征地行为、企业追溯征税以及政府对大型项目的过度干预，导致团结进步联盟领导的政府执政最后两年的经济增长率急剧下降。而政府随后恢复私人激励的共同努力使得印度经济恢复到持续超过7%的增长水平。

由政府在发展过程中发挥积极作用以及国有企业持续占据重要地位构成的中国经验是否指出了与上述建议相反的方向？我对这个问题的回答是否定的，原因有二。

首先，中国的整体经验表明，私营部门的重要性高于公共部门，经济开放的重要性高于经济封闭。的确，国有企业在中国经济中仍然很重要，政府也在继续发挥积极作用，为经济发展指明方向。但是，以这种方式看待中国的经验就会忽略一个重要问题，中国自1980年以来的GDP惊人增长源自其转向推动私营部门和外向型经济的发展。放松政府管控是中国所经历的转型的关键所在。事实上，大部分经济分析表明，国有企业的生产率增长与私营部门企业相比一直较低。广东、福建、浙江和上海等中国最具活力的东部沿海省份的经济增长都是由私营企业而非国有企业推动的。

其次，即使有人认为必须将中国的出色表现归功于中国政府的能动性和国有企业的活力，但这并不意味着其他国家必须效仿。就像20世纪六七十年代朴正熙总统领导下的韩国和李光耀总理领导下的新加坡一样，中国从邓小平开始也有幸拥有了异常高效的高层领导人。但这不应分散我们对一个问题的关注，那就是过去类似的能动性在中华人民共和国成立之初也产生了截然不同的结果。更重要的是，由于印度等其他国家的领导层和政府机构缺乏同样的能力和效率，这些国家依靠私营部门可能会取得更好的成果，贡献出更好的表现。

例如，在今天，即使在作为公共部门传统保留地的教育和卫生领域，印度的公共部门也难以产生令人满意的成果。如今，印度超过1/3的公立学校每所学校学生不到50人，平均学生人数仅为29人。教学不力导致家长将孩子从这些学校转学到私立学校。即使是相对贫穷的父母也选择了低预算的私立学校，而不是拥有更完备校舍和更合格教师的免费公立学校（这些教师也经常缺课或者即使在课堂上也不授课）。

同样，尽管自20世纪60年代初以来，印度政府投入大量资源在农村建立医疗分中心（SC）、初级卫生中心（PHC）和社区卫生中心（CHC），但超过70%的患者前往私人医疗机构接受门诊治疗。即使是对农村贫困家庭来说，面对价格高昂的住院费，55%的患者仍会选择私人诊所和私人医院。迄今为止，印度公立卫生服务机构的效率一直不高。

美国保护主义抬头的影响

美中贸易关系的最新发展表明，中国将需要继续退出美国市场。即使目前的姿态不会导致两国对彼此进行明确的贸易限制，但对未来出现此类结果的担忧将使中国远离美国市场。

印度在同时期的崛起为印度和中国带来了一个不同寻常的机会。两国不但拥有漫长的边境线，同时也有开展合作的地缘政治原因。随着中国工资水平的上涨，劳动密集型部门的企业发现它们很难在全球市场上保持竞争力。美国削减双边贸易顺差的压力构成了这方面的另一个压力来源。事实上，就连印度也一直在抱怨它的对华巨额贸易逆差。因此，一些劳动密集型行业的大型中国企业迁往印度才可以起到一石三鸟的作用。这些公司可以在印度获得低薪资的劳动力，保持自己的市场竞争力。此外，中国对美国和印度的劳动密集型产品的出口也会受到实质性限制。

从更广泛的角度来讲，当前的事态发展为迅速完成与中印间的区域全面经济伙伴关系协定（RCEP）谈判提供了充分的理由。印度和中国之间的自由贸易将使印度成为更具吸引力的劳动密集型部门生产基地。在不久的将来，中国将从劳动密集型产品的净出口国转变为净进口国。因此，免税进入这个市场将吸引全球公司前来印度投资。同样，中国也可以免税进入印度庞大且不断增长的高科技产品市场。[①]

结束语

毫无疑问，再过十年，印度几乎肯定会成为世界第三大经济体。这将大大改变全球的地缘政治和经济平衡。随着美国和欧洲逐渐转向封闭，而中国也要面临减少对这些地区出口的巨大压力，印中加强合作的时机已经成熟。在此背景下，成功缔结区域全面经济伙伴关系协定可以成为有效的工具，有助促进地区繁荣，并缓解因美国和欧洲转向封闭而引起的紧张局势。

---

① RCEP 已于 2022 年 1 月 1 日正式生效，印度没有参加，因此本文作者的设想暂时不会实现。——编者注

第三部分

数字化与领导力

第 10 章
创新与数字经济的作用：
中美欧经济政策的新机遇与新挑战

埃德蒙·菲尔普斯

创新的作用

对创新的作用进行讨论之所以重要，是因为这不仅涉及健康的经济，也涉及健康的社会。在继续读下去之前，让我们先确定几个定义：

- 我敢说，在任何社会中，大多数人与生俱来的愿望就是"创造"，即想象或构思新事物——想想那些显然乐于在洞穴墙壁上画下人物形象的尼安德特人，或者设法创造一个可吹奏长笛的史前智人（在德国南部的一个洞穴中发现）。[1] 这是艺术创作和发明，通常具有个人属性。
- 似乎社会中的一小部分人也希望构思出能被实现或建造的新事物，以供他人使用。作曲家创作新的乐章，导演通过舞台作品实现它，而乐队指挥将它呈现给公众。如果成功——而且只有成功了——这才是一种"创新"。这种新事物通常具有社会属性。

创新的作用是什么？在美国伟大的创新时代，即从19世纪20年代到1970年左右，创新无处不在，几乎扩展到所有行业，就连普通人也加入进来。美国前总统亚伯拉罕·林肯于1858年感叹道："年轻的美国对新事物有着极大的热情，这也是一种完美的激情。"[2] 正如我在《大繁荣》(*Mass Flourishing*)一书中所说，这种创新是一种引人入胜且有时令人振奋不已的体验。[3] 人们参与到他们的工作中，并能获得一种亲身参与感和成就感。当前的统计分析表明，在一个国家，创新率低正是生活满意度低的反映。[4]

美国、法国和中国的近期变化

让我们从这个角度来观察在过去一两年，中美法三国的经济组织和政治格局发生了哪些重大变化。

在1970年以后的美国，虽然经济结构出现大幅变化，但生产率增长（更准确地说，是全要素生产率的增长）的长期放缓导致劳动力总薪酬和国民收入近乎停滞。根据家庭调查的结果，越来越多的劳动者开始对他们的生活不满意。

这种发展最终带来了政治格局的转变。许多工人越来越不满意，通过投票反对那些经济放缓期间的执政党，表达他们的沮丧之情。此外，民主党一直特别迎合几个特殊利益集团，即所谓的"身份政治"。在某些时候，民主党从特殊利益集团获得的选票数量，几乎与那些因利益未得到保障而心怀怨恨的民众产生的选票流失数量相当。[5]

特朗普的政治信仰与传统的民主党人和共和党人截然相反。特朗普寻求的是一种能促使劳动年龄人口创造巨额人均GDP的经济。尽管特朗普表达了他对构成他的政治基础的白人工人阶级的喜爱之情，但是他很少或根本不考虑工资率的高低或其他涉及财富分配的问题。

归根结底，正如20世纪20年代的墨索里尼一样，特朗普践行的是一种被称为"统合主义"（corporatism）的意识形态。事实证明，这种学说在实现经济增长和满足个人需求两方面一无是处。

对各行各业人士所寻求和实现的灵感、探索和发现所表现出的统合主义式漠视正在进一步损害民众中普遍存在的活力论。有一种观点认为公司和工会的作用是为国家服务而不是为其自身服务，这种观点可能会进一步耗尽美国大部分的独特气质。

法国总统马克龙也不再只专注于收入分配。他希望法国重新获得快速增长和声望。为此，他试图通过削减雇员的"社会保障"，以便在法国工业中创造更多竞争，这些社会保障被认为扼杀了新公司诞生的步伐。

当然，两位领导人截然不同。马克龙讨厌统合主义！马克龙的工具是体制改革，而特朗普的工具是财政和预算改革。

在中国，习近平主席领导下的政府推出了多项举措。"一带一路"的建设，标志着中国仍将从根本上保持一个贸易国的状态。重申对国有企业的支持，标志着中国仍将保持社会主义市场经济状态。最后，政府表明投资的目的是增加消费。但这些倡议和宣言只是冰山一角。

中国采取了旨在促进创业的举措，包括大幅缩减成立新公司的登记注册程序，大量增加课外教学，让中国孩子更多地了解他们将要面对的世界，并积极促进外籍人士发挥其专长。

此外，非常重要的一点是，当局已经认识到允许经济体开展竞争的重要性。[6]现有公司获准自由进入新行业，从而迫使效率低下的公司不断缩减或退出该行业。竞争是一种极有用的溶剂，政府在开放经济、迎接竞争的过程中显示出了莫大的智慧。

有大量证据表明，中国正走在创业创新的道路上。政府一再重申其致力于保护新专利。众所周知，中国每周注册的新公司数量相当可观。虽然新私营企业的成立确属事实，但张晓波、戴若尘等人开展的调查发现，确定新注册企业所占的比例是不可能完成的事。[7] 类似的问题还出现在研发措施、支出、专利和新产品等方面的衡量标准上。尽管如此，我们仍然可以预期，在接下来的十年里，将会有大量的新创企业散布于中国的经济版图之中。但这里有一个问题仍然没有答案，那就是有多少新公司能够成为真正的新企业——而不仅仅是一个个小作坊，其中又有多少新企业会拥有新想法，以及将新想法加以开发并推向市场的热情有多大。

数字经济的影响

数字经济的进一步发展将对世界各国产生怎样的影响？

在西方，许多技术专家担心人工智能在其经济体中的扩散将导致大规模裁员和长期失业问题，让工资最终落入较低的增长轨道。他们不仅担心本国人工智能的发展，还担心海外开发的人工智能机器人的出口。技术专家并非训练有素的经济学家，因此现在是时候考虑某些市场机制对工资率和就业路径的影响了。

当然，无论机器人是否安装了人工智能，对机器人的采用都能实现在产出水平不变的情况下使用更少的劳动力。而且，在某些行业引入人工智能来取代人工劳动力后，直接导致了这些行业的裁员和工资水平的降低。但是，在我看来，这只是故事的开始。之后会发生什么呢？（在我要谈论的下列情况中，为了简单起见，我假设只有一种劳动，而工人也都彼此相似。）

相关措施的后续效应会传导到其他行业。在理想化的模型中，下岗工人会到别处寻找工作，从而降低整个经济体中的平均工资率。工资的普遍下降启动了一个调整机制。当工资率下降时，投资回报率会上升，投资额也会相应回升。由此产生的资本存量的增加将对其他行业的工资率和就业产生向上的拉动力。

还存在另一种调整机制：即使出于某种原因，下岗工人并未转移到其他行业，采用成本节约型机器人的行业出现的工资削减最终会导致该行业的生产者降低产品价格；如果他们不这样做，就会有新公司进入这些行业，从而压低该行业产品的价格。而这种相对价格的下降就意味着其他行业的相对价格的上升。这些更高的价格将成为拉动这些行业产出和就业提升的力量——即使工资率在此时并未下降。

还有另一点：即使这些机制最终按预期发挥了作用，人们也希望有更多的传统创新，即一种能提高工人生产力的创新，尤其是在消费行业。在美国、英国和法国的煤矿开采区，劳动力参与率仍然很低的原因有很多。一方面，工人将积蓄投资在了房屋上，并依赖当地政府提供的医疗保健服务，而这些服务无法迅速转移到另一个省或州，从而导致这些工人缺乏流动性。另一个原因则是，从事体力劳动的男性通常缺乏能让他们在许多其他行业就业的相关培训和教育。

最后，还有另一个注意事项：人们过于关注稳定和短期收入，其中尤以西方国家为甚。我相信，如果他们愿意接受破坏性创新，并为创新（以及探索）事业提供道义上的支持，他们就可以期待获得数十年的指数级经济增长。他们必须明白，冒险进入未知领域和偶尔的成功经验才是美好生活的全部。

注释

1. Nicholas Conard, Maria Malina, and Susanne C. Münzel. "New Flutes Document the Earliest Musical Tradition in Southwestern Germany," *Nature*, August 2009, 737–40.
2. Abraham Lincoln. "Second Lecture on Discoveries and Inventions," February 11 1859.
3. Edmund Phelps. *Mass Flourishing: How Grassroots Innovation Created Jobs, Challenge, and Change* (Princeton, NJ: Princeton University Press, 2013).
4. Edmund Phelps, Raicho Bojilov, Hian Teck Hoon, and Gylfi Zoega. *Dynamism: The Values that Drive Innovation, Job Satisfaction, and Economic Growth* (Cambridge, MA: Harvard University Press, 2020).

5. 关于身份政治，请参阅 Mark Lilla, *The Once and Future Liberal: After Identity Politics*（New York: Harper, 2017）; Francis Fukuyama, *Identity: The Demand for Dignity and the Politics of Resentment*（New York: Farrar, Strays and Giroux, 2018）。

6. 国务院副总理刘鹤，"推动高质量发展共同促进全球经济繁荣稳定"（2018 年 1 月 24 日在达沃斯世界经济论坛上的讲话）。同时参见 Edmund Phelps, "Will China Out Innovate the West?" *Project Syndicate*, March 5, 2018。

7. Dai, Ruochen, Xiaoying Liu, and Xiaobo Zhang, "Detecting Shell Companies in China," paper presented at the annual Allied Social Science Association meetings, San Diego, January 3–6, 2020.

第 11 章
欧洲经济的数字化进展

德博拉·雷沃尔泰拉

菲利普·布鲁舍　特莎·本德

在欧洲，许多人在观察全球经济正在发生的快速转型时心怀惶恐。美国公司能够在第一波 IT 技术发展浪潮中独占鳌头，这一点令欧洲钦佩，而欧洲也渴望迎头赶上。东亚经济体，特别是中国，实现自我转型并改变其在全球价值链中的地位或许更令人印象深刻。很明显，欧洲在全球经济中所处的地位让欧洲人无法满意。整个欧洲越来越关注在这种快速变化的世界经济背景下做出的应对，和确保欧洲仍然是技术进步和经济繁荣的全球中心之一的举措。

在几乎可以被描述为"失去的十年"这段时期之后，欧盟的经济增长重回正轨——预计在 2018 年将增长 2.3%。这是由机械行业和无形资产投资的大幅回升推动的，特别是在领先的欧盟"核心"国家。在欧盟内部，失业率正在缓慢下降，在某些国家，劳动力供应甚至日益成为经济增长的制约因素。

这种欣欣向荣的周期性形势正在将人们的注意力转向欧洲面临的结构性挑战，这一点从令人担忧的生产率增长放缓就可看出。欧洲在全球经济中的长期地位取决于这一趋势的逆转，债务可持续性和欧盟经济对未来冲击的韧性等问题也同样取决于这一趋势的逆转。在这方面，我们认为不仅创新，而且数字化和新方法的采用等更广泛的问题都是关键所在。请注意，欧盟具有极强的多样性，其中不仅有一些处于世界创新前沿的生产率最高的经济体，还包括仍然处于"新兴"阶段的中等收入经济体，以及在适应性方面不太强的发达经济体。

因此，本章将重点介绍欧洲的数字化过程，利用欧洲投资银行生成的独有调查数据，研究了我们在欧盟可以观察到的这一过程的障碍和推动因素，以及欧盟成员国正在采取的共同行动。

欧洲生产率增长放缓的原因

发达经济体生产率增长放缓的原因众多。关于需求动态的长期变化或技术变革的性质的争论，最终或许只能由未来的经济史学家来盖棺定论，但我们也可以看到大衰退带来的更直接影响。即使在经济衰退正式结束之后，我们仍看到投资长期低迷，不断囤积现金或回购股票的公司数量空前高涨。这无疑对生产率增长产生了负面影响。投资复苏滞后的主要因素似乎是需求预期低迷和在疲软的劳动力市场替代劳动力不足，这使整个经济体陷入需求疲软、投资走低和生产率增长低迷的境地。资源再分配中与危机相关的摩擦也是一方面原因。例如，大衰退之前所累积的住房存量失衡问题导致一些经济体中的信贷供应受限。那些小型且年轻，但通常生产率也较高的公司最容易受到此类信贷约束的影响，从而影响投资和生产率增长。此外，监管宽松和不恰当的破产制度也可能将资本锁定在生产率水平较低的公司中，因此经济衰退带来的市场"清理"效果较差。

欧洲投资银行展开的一项投资调查进一步揭示了需求疲软和投资增长疲软之间的负反馈循环。该调查于2016年启动，基于对12000多家具有代表性的公司的抽样调查，提供对整个欧盟企业投融资问题的见解。

前两次调查涵盖了一段增长、投资和预期大幅回升的时期。可是，虽然投资有所增加，但企业对其过往投资水平的看法没有改变，仍有15%的企业表示其在过去三年的投资活动不足。

仔细研究一下这种可见的投资缺口就会发现，部分原因是随着经济环境的改善，公司上调了它们次年的需求评估。这一发现支持了这样一种观点，即投资复苏乏力（以及由此引起的生产率增长缓慢）的部分原因是总需求疲软。相比之下，随着可见的差距稳步缩小，预计将会出现供应方约束不断放松的情况。

危机的第二个影响是在采用新技术方面投资不足。通过对那些自认近期投资不足的公司进行更详细的观察,我们发现这些公司的担忧不仅与资本存量的数量有关,还与其质量有关。公司被要求估计其"最先进"机器和设备的占比。图11.1显示,在认为过去投资不足的公司中,对自身装备水平先进性的评估,较其他公司低了12%。尽管投资有所增加,但自称投资不足的公司数量并未减少。这表明随着经济的复苏,企业家们越来越意识到,要想保持竞争力,还需要加快采用新技术,跟上技术前沿的步伐。

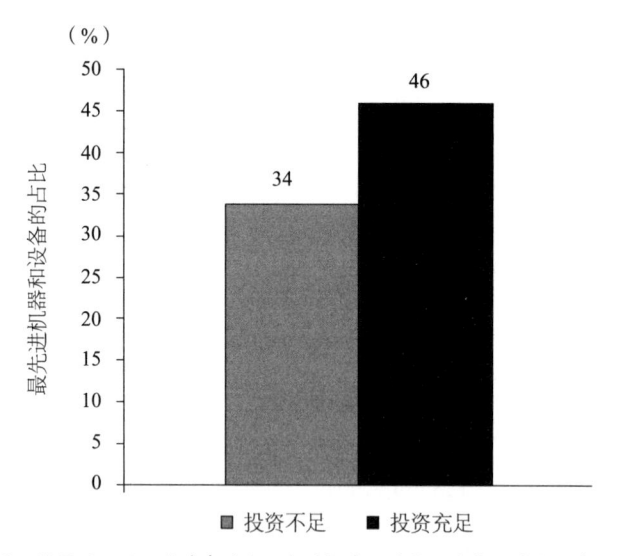

注:该图显示了认为其在过去三年的投资活动低于需求和符合需求的公司分别报告的最先进机器和设备的占比。

图11.1 报告中认为自身投资不足的公司拥有的最先进资本存量相对较低

资料来源:欧洲投资银行投资调查(EIBIS)。

数字化对欧洲生产率增长和竞争力的重要性

采用新技术越来越意味着数字化。1995—2005 年，对 IT 技术硬件和软件的投资已经在提高劳动生产率方面发挥了重要作用，但效果相对集中在某些部门和活动类型上。现在，我们可以看到 IT 技术在从制造业到物流业和零售业的所有部门的生产过程中变得越来越集成和重要。在制造业，IT 技术正在成为非数字化的重要补充；相比之下，在某些服务部门，有证据表明模式正在发生变化，"先进"往往意味着"数字化"。比如零售，网络销售已经成为一个明显的发展趋势。

什么阻碍了欧洲的数字化？

要想收获数字化带来的好处，首先必须有一个正确的框架。欧洲投资银行投资调查的数据表明，公司在采用数字技术时要特别关注以下问题：（1）数字基础设施渠道；（2）适当的资金渠道；（3）熟练劳动力；（4）有益的监管环境。

在最近的一项分析中，我们对照公司对数字基础设施接入是否对其投资活动构成障碍的看法，按照欧盟 NUTS2（标准地域统计单元二级区域，即政策落实区）区域绘制了数字基础设施（家庭宽带接入）的质量图形，发现存在一个很强的负相关关系，即基础设施越好，对公司一般投资活动的可感知影响就越小。不出所料，这种影响在那些最热衷于创新的公司中最为明显（见图11.2）。

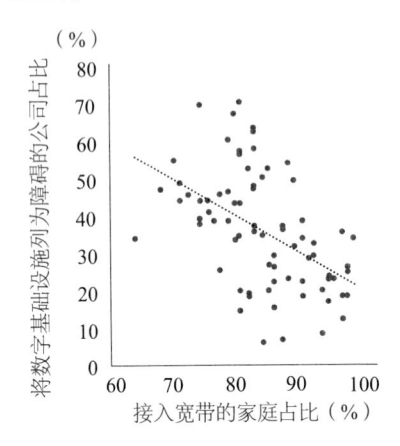

注：公司层面的统计数据针对增加值进行了加权。由于NUTS2信息的缺失，德国、希腊、波兰和乌克兰的公司被排除在外。每个点代表一个NUTS2区域。欧洲投资银行投资调查样本仅限于创新性方面居于前沿的企业。

图11.2　将数字基础设施接入不足视为投资障碍的公司与家庭宽带接入呈负相关关系（NUTS2，创新公司）

资料来源：2016年和2017年欧洲投资银行投资调查；欧盟统计局。

接入数字基础设施也会影响公司是否专门投资于数字化的决定。图11.3同样来自我们的投资调查，是对照投资于数字资产（软件、数据库、网站活动等）的公司占比绘制的数字基础设施质量图。它展示了两者之间明显的正相关关系，强调了为企业采用新技术而建立恰当的基础设施的重要性。

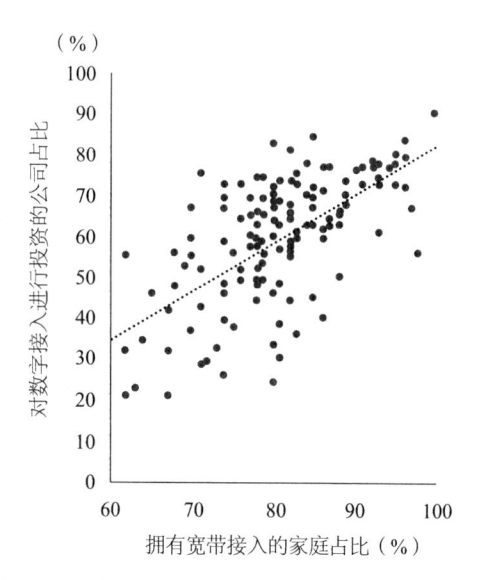

注：公司层面的统计数据针对增加值进行了加权。由于NUTS2信息的缺失，德国、希腊、波兰和乌克兰的公司被排除在外。每个点代表一个NUTS2区域。如果一家公司为IT技术和数字设备分配了超过50欧元/员工的投资费用，则该公司可被视为IT技术投资者。

**图11.3 投资IT行业的公司比例与
家庭宽带接入呈正相关关系（NUTS2）**

资料来源：2016年和2017年欧洲投资银行投资调查；欧盟统计局。

近年来，欧盟各国政府开始努力加大对数字基础设施的投资。EIBIS提供的证据表明，在位于中欧和东欧的欧盟"新"成员国中，公司的关注度正在降低。这反映了这里公司的数字化进程缓慢，因为很多国家的家庭宽带接入率并不是特别高。相比之下，在位于西欧和南欧的欧盟"老"成员国中，数字基础设施则出现了供不应求的局面（见图11.4）。

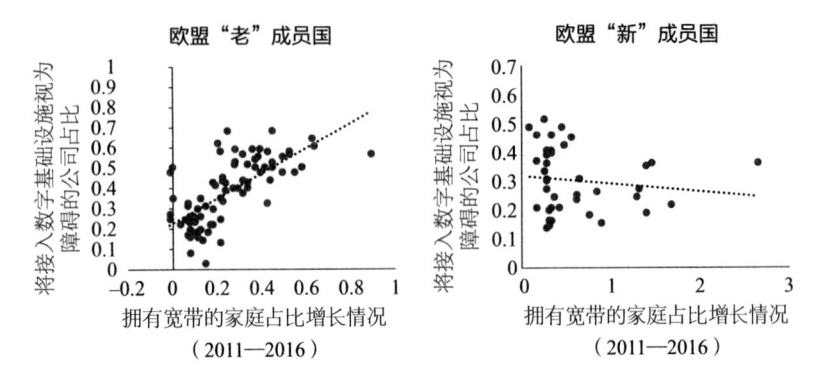

注：公司层面的统计数据针对增加值进行了加权。由于NUTS2信息的缺失，德国、希腊、波兰和乌克兰的公司被排除在外。每个点代表一个NUTS2区域。

**图11.4　2011—2016年将数字基础设施
接入视为投资障碍的企业和家庭宽带接入的增长（NUTS2）**

资料来源：2016年和2017年欧洲投资银行投资调查；欧洲统计局。

获得高技能劳动力的渠道不足也是投资面临的一个障碍。在2017年的EIBIS调查中，"缺乏具有合适技能的员工"是公司最常报告的投资障碍。对于参与数字化进程的公司来说，这种限制似乎特别紧迫。如图11.5所示，我们根据投入IT技术的投资占比将公司五等分。[①] 尽管技能对于所有五个分列的公司来说都是一个大问题，但对于第一分列（可能包括仍然很少参与数字化的公司）和第五分列（可能包括许多严重依赖IT技术但不一定依赖高技能劳动力的公司，例如呼叫中心或在线零售商）来说，技能的重要性似乎稍微弱一些。缺少合适技

---

① 为避免因各国劳动力和金融市场状况的差异导致结果失真，我们对各国进行五等分。

能的劳动力似乎对第二分列至第四分列的公司构成了更大的挑战。其中可能包括许多仍然大量投资于（非 IT 技术的）生产资料，但同时也在努力追赶数字前沿的公司，例如制造业企业，这些公司也因此面临着对在大数据、移动通信、云计算和网络安全等领域具有专长的员工的新需求。

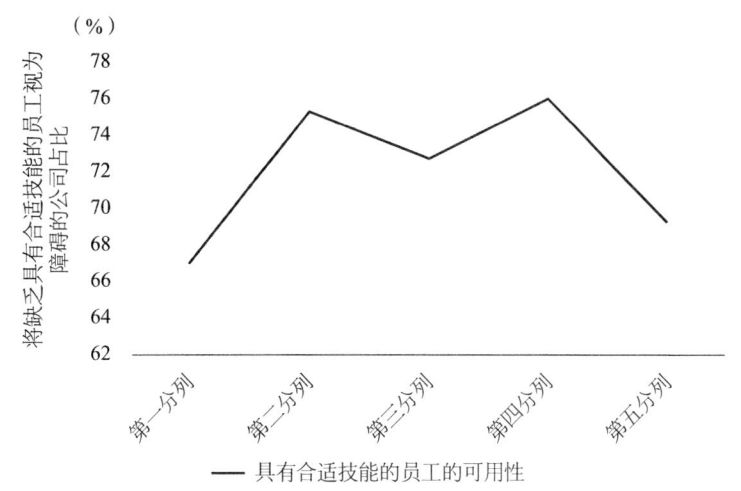

注：该图显示了按照公司对数字资产投资活动的分列情况，将缺乏具有适当技能的员工视为投资障碍的公司占比。

图 11.5　技能对 IT 技术领域投资强度各不相同的公司构成的投资障碍

资料来源：2016 年和 2017 年欧洲投资银行投资调查。

此类数字相关技能的应用对于维护欧洲繁荣至关重要。2000—2014 年，欧盟数字经济的就业增长速度是所有工业行业的 7 倍。预测显示，到 2020 年，欧洲将面临超过 80 万名 IT 技术专业人员的缺口。作为欧盟数字议程的组成部分，欧盟由此将"提高专业 IT 技术相关技能"置于其优先事项的首位。

融资渠道是数字化进程的另一个受关注领域。这是因为数字化与相对较高的风险和无形资本投资密切相关。虽然欧盟的整体融资条件持续改善,但对高风险项目加大投资的公司仍继续面临更大的困难。图 11.6 的左图显示,随着企业在数字技术上的投资份额从第一分列增加到第四分列,对数字技术投资份额最大的第五分列公司不太可能受到资金的限制。如前所述,第五分列的公司中有许多可能是资本成本相对较低的服务业公司。图 11.6 的右图显示,随着数字技术投资份额的不断增加,

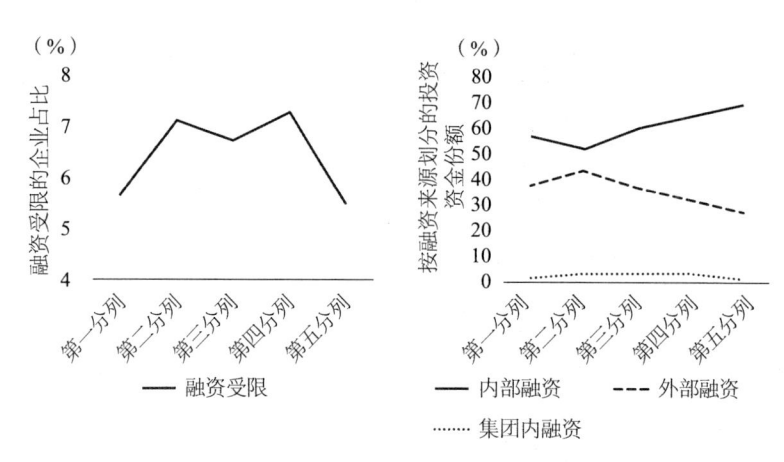

注:数字显示了融资受限的公司占比(左图)和按融资来源划分的已筹集投资资金份额(右图)。如果一家公司的融资申请遭到拒绝,所获融资低于其要求,认为融资要约太贵或因害怕遭拒而未申请融资要约,则该公司被视为融资受限。五个分列根据公司在(国家/地区内)数字资产上的投资活动来定义。

图 11.6　融资受限企业的份额和 IT 技术领域投资强度(左图);IT 技术领域投资资金来源和投资强度(右图)

资料来源:2016 年和 2017 年欧洲投资银行投资调查。

外部投资资金份额在下降。这一发现的令人震惊之处是，在数字资产上投资最多的公司通常生产率最高，并且财务状况指标（杠杆率、利息负担、盈利能力和流动性等）也最好。

关于融资受限的证据在某种程度上与欧盟企业对银行融资的严重依赖有关。新技术和新方法的采用者——尤其是早期采用者——面临的风险状况对银行没有吸引力。在公司启动阶段和资本密集型增长阶段，由于不确定性较大，这些公司通常需要风险投资（即以股权或夹层投资工具形式存在的场外、退出导向的初创和增长型基金）。在欧洲，此类融资相对稀缺：欧洲 GDP 流量中有 0.08% 的融资以风险资本的形式流入新兴公司，而这一类融资在美国 GDP 流量中的比例为 0.36%。

最后，有利的监管环境对于鼓励公司采取措施，实现更大程度的数字化至关重要。监管环境需要简单易行，才能让公司轻松驾驭，无须在学习和技能获取方面付出巨大的固定成本，对于在欧洲经济中占主导地位的中小企业而言尤其如此。监管灵活性也很有必要，这里"沙盒"模型可以发挥作用：对新兴技术放松监管，从而为实验性和开拓性创业创造生存发展空间，但是一旦对技术的益处和风险及其在更大范围内产生的影响有了深入了解，监管制度就需要收紧。

在欧盟范围内，监管标准化同样是必不可少的。数字单一市场旨在让欧盟企业从经济规模中受益，而无须支付理解和遵守许多不同监管制度的高昂固定成本。欧盟层面已经通过了一系列重要的立法举措，例如在线内容服务的跨境可移植性和取消移动数据漫游费用。其他重要的立法措施如取消地域屏蔽、版权规则现代化、电子商务税收和网络安全等，目前均处于立法过程中。

欧洲协调一致的政策应对正朝着正确的方向行进

欧盟层面的政策制定正朝着正确的方向行进。虽然欧洲在数字化应用方面总体上有所落后，但欧盟内部的情况比较复杂，有些经济体处于创新和数字化的前沿，而有些经济体则仍旧处于落后状态。

事实上，欧洲投资计划已在近年将注意力从解决危机转移到新的更有活力的竞争力提升上。该计划通过技术支持服务和欧洲投资银行集团对风险融资的关注，集中各方力量来实现更有利的监管环境。截至 2018 年年中，在欧洲投资银行集团标准贷款的基础上，欧盟在三年内完成了 3150 亿欧元针对性投资的初始目标。

欧盟正就其多年金融框架中的一项新的预算提案进行讨论，该提案更加关注竞争力和创新。整个欧盟预算实际上仅占欧盟年度 GDP 的 1%，而欧洲投资银行集团的贷款约占 0.5%，因此不应高估这些干预措施的规模。相反，它们所代表的是一种新的关注,即采用更加一体化的方法来提高整个欧盟的竞争力。该方法解决了不同的推动因素问题,涵盖从基础设施提供到技能和公司的融资需求,再到实现更加一体化的内部市场的潜力等各个环节。

第 12 章
从人口结构视角看中国创新驱动的前景

梁建章

"人口创新"

创新理论与新人口结构范式

大约 200 年前,英国经济学家托马斯·马尔萨斯提出了他著名的人口理论,该理论描述了以下逻辑链:技术进步可以带来人均收入的短期增长。然而,收入的增加很快会导致人口增长和农业生产率下降,这反过来最终会抵消人均收入的任何增长。

尽管马尔萨斯的理论是对历史事件的准确表述,但它已不再适用于现代经济。现代的人口增长远比当初的农业社会快得多,而且人口增长的加快也没有导致制造业和服务业的生产率下降。由于技术进步,人类极大地提高了资源利用效率。土地和自然资源不再是现代经济的瓶颈。此外，创新对于解决全球变暖等问题变得更加重要。为了将创新保持在较高水平，一个国家需要拥有大量年轻且受过高等教育的劳动力，而不是马尔萨斯理论所规定的小规模稳定人口。

大约20年前，美国经济学家保罗·罗默建立了创新和经济增长模型。罗默模型的含义之一是，在一定条件下，更多的人口可允许更多的人参与研究和创新，从而推动更快的技术进步和更高的生产率。罗默模型所暗示的人口与经济增长之间的这种关系与马尔萨斯理论截然相反。通过创新，不断增加的人口将带来更快的经济增长和更高的收入。

创新的三个人口因素

规模效应

对于创新而言，大国的规模优势更大。这主要表现在以下几个方面。

第一，人口越多，国内市场越大。中国拥有世界上最好的高铁技术这一点早就不足为奇了，因为中国在这一领域能够负担得起的研发资金比小国多得多。

第二，人口多也意味着一个大型的人才库。大学教育是研发活动的前提。大学毕业生的数量反映了创新活动能够吸引的人力资源数量。近年来，随着中国高等教育规模的扩大，中国的大学毕业生人数已超过美国。这对国家创新大有裨益。

第三，大市场会产生更多竞争者，从而推动创新和生产率的提高。美国和中国的互联网市场竞争最为激烈，风险投资家有时甚至愿意投资支持市场上的第二名和第三名玩家，而在小国，风险投资家通常只能支持市场领导者。

集聚效应

除了人口规模之外，人口的地理分布也很重要。对于制造业而言，产业集聚是经济发展和转型的重要驱动力，人口的集聚为产业集聚提供了基础。中国拥有世界上最大和最完整的制造业集群，众多制造业企业都集中在人口稠密的南部和东部地区。任何发明新产品的人士都可以找到数百家能够以廉价成本快速制造产品的供应商。

对创新而言，重要的不仅是人口集聚，更要求高素质人才的集聚。人才的集中促进了人才的流动，而这种流动就成为推动创新的重要条件。由于许多高科技公司彼此如此接近，工人很容易在公司之间流动。硅谷的公司间流动性非常高。如果一名工程师徒有创意而无法从其所在公司获得资金或支持，他可以轻松地将该想法带到另一家公司，或者他可以借用风险投资资金创办一家新公司。高流动性不仅能促进思想交流，还能让初创公司快速找到人才，将他们的想法付诸实施或在最初的成功基础上再接再厉。高流动性还降低了创业失败的成本，因为人们在创业失败后很容易找到新工作。高流动性的必要条件是许多高科技企业集聚在同一个地方。

年龄效应

认知技能是影响技术创新的重要因素。一般来说，一个人的体能在20多岁时达到顶峰。然而，在现代经济中，推动生产率提高的是认知技能。随着一个人年龄的增长，一些认知技能在老年时会保持得很好。但是，反映新信息吸收能力的知觉速度在20多岁后迅速下降，这与学习能力通常在一个人年轻时达到顶峰的普遍发现是一致的。

同时，创新是企业家最擅长的事。根据经济学家熊彼特的理论，仅仅拥有工程师和科学家是不够的，企业家对于让颠覆性发明取得商业上的成功至关重要。创业是一项长期的高风险投资。企业家通常会牺牲大量的个人积蓄和时间，而失败的概率也很高。年轻人更愿意承担这种风险投资，因为他们拥有更多的时间来享受他们成功的果实。

老龄化社会不利于创新。有才华的企业家通常都处于30多岁。如果一个国家正在迅速老龄化，那么潜在的年轻发明家和企业家就会减少。在老龄化社会中也存在阻塞效应。一个年轻的社会为年轻人获得创业所需的技能提供了更多机会。相反，在老龄化社会，年轻工人晋升更慢，影响力更小，技能也更少，因此不太可能成为潜在的企业家。

综上所述，人口对创新的作用主要体现在三个方面：（1）规模效应——人口越多，则市场越大，人才储备越多，更能通过市场竞争促进创新；（2）集聚效应——人口的集聚带动产业的集聚，而人口的集聚和流动是创新的重要催化剂；（3）年龄效应——更年轻的人口更有利于发明创造，激发创业精神，并将技术创新转化为商业成功。

中国人口问题的现状

我们在上一节介绍了促进创新所需的人口条件。但是，从中国目前的人口情况出发，我们能想到什么，又能得到什么启发呢？在本节中，我们将从经济人口学的角度分析中国当前的人口问题，并在稍后章节中提出相应的对策。

低生育率的风险

根据 2010 年第六次全国人口普查数据，20 世纪 90 年代出生人口迅速减少，从 1990 年的 2800 万直线下降到 1999 年的不足 1500 万。从 2015 年开始，22~31 岁的女性数量将在 10 年内下降 40% 以上。因此，现在出现的出生率下降问题实际上可以追溯到 20 世纪 90 年代。近年来，新婚夫妇数量减少了 7%~8%，正是出生率下降的证据。2016—2017 年，15~49 岁的女性数量减少了 400 万，其中 22~31 岁的女性数量减少了 600 万以上。

北京、上海等特大城市的生育率低于 0.8，处于世界上最低的出生率区间。2018 年 1 月发布的《北京社会心态蓝皮书：

北京社会心态分析报告（2016—2017）》显示，北京居民中想生孩子的期望和实际生了孩子的行动之间存在巨大差距——尽管58.6%的北京居民声称他们最理想的状态是想生两个孩子，但其中只有10.8%的人最终会这样做。

虽然国家已经出台二孩政策，但国家生育率的未来仍然不是很乐观。中国在2016年开始实施二孩政策，当年出生人数较2015年增加超过100万人。由于在未来十年中，人们的二孩意愿减弱以及育龄妇女人数锐减，中国人口大幅增加的可能性不大。2017年二孩出生数为883万，实际比2016年增加了162万。但一胎出生数只有724万，比2016年减少了249万。对于最近的二孩政策，我的看法是，由于该政策于2016年初开始实施，而从受孕到分娩，会有一年的延迟时间，所以2017年应该是这次一孩政策放松导致的出生高峰年。但随着二胎愿望的减弱和育龄女性的急剧减少，从2018年开始，生育数量将开始快速萎缩。现在看来，2017年的新出生二孩数量确实超过前一年，但还不足以弥补第一胎数量的锐减。出生人数下降的时间比预期的要早，速度也更快，我们低估了社会上对生育更多孩子的渴望不断下降的程度。

想要生儿育女的期望并没有转化为实际的生育人口——生育率降低的原因主要是教育和医疗保障不足，以及育儿困难。除了孩子的基本生活需求，中国的应试教育迫使家长在课外教育上投入大量资金。在一个典型的中产阶级家庭中，养育一个孩子的平均年支出为 3 万元，从孩子出生到 18 岁，支出总计相当于 50 万元以上。事实上，这种昂贵的育儿模式和不断下降的出生率形成了一个互为因果的恶性循环。

换言之，生育率越低，每个家庭的平均孩子数量越少，每个孩子的平均养育成本就越高。这导致一般家庭不敢多生孩子，继而导致生育率降低。如果生两三个孩子成为常态，那么养育孩子的平均成本就不会如此之高。"不要让孩子输在起跑线上"的育儿学说可能不再成为常态，想要生育更多子女的夫妇也可能不会那么气馁。

在中国抚养孩子的家庭承担着高昂的直接经济成本，在育儿方面也面临更多困难。与其他国家相比，中国缺乏充足的托儿所。因此，如果夫妻双方在孩子两三岁之前都要工作，他们通常只有两个选择：长期请保姆，或者让孩子的爷爷奶奶或外公外婆照顾孩子。然而，已经年老的祖父母或外祖父母现在越来越不愿意，或者说没有精力来帮忙照看孩子。第二个孩子更难从祖父母或外祖父母那里得到这种帮助。因此，许多父母只能在继续工作的同时聘请临时保姆或专职保姆。近年来，专职保姆的费用飞涨，几乎与香港的菲佣费用持平。

人口质量和教育问题

城乡教育差距

斯坦福大学斯科特·罗泽尔最近关于中国农村儿童智力低

下的文章迅速引起了广泛关注。令大家担忧的是，如果一半以上的农村孩子无法获得高质量的教育，中国未来的人才、素质和竞争力都将成为大问题。当然，中国政府早就知道这一点。近年来，中国政府不断加大对农村教育的投入，农村学校的校舍质量有了很大提高。但还有一些问题不是单纯用钱能解决的，农村地区的学生越来越少，农村孩子的父母都在大城市打工，而农村的老师也都纷纷离开。

中国的农村教育面临着巨大的困境——随着农业在经济中的比重不断下降，农村地区无法再为大量年轻人提供工作机会。农村青年进城打工将成为经济发展的必然趋势。因此，从政策上讲，政府不应该强迫年轻人留在农村，年轻人也不应该让他们的孩子留在农村。相反，年轻人需要为他们与孩子一起搬迁到大城市创造条件。令人担忧的是，中国仍然存在针对农民工子女的歧视性政策，农村儿童难以进入城市学校入学。结果，他们最终成了身处家乡的"留守儿童"。

中国的贫富差距主要是城乡差距。只要鼓励农民工进城的政策到位，取消对农民工子女进城上学的各种限制，下一代农民工就可以获得更平等的机会，从而提高代际的阶级流动性。通过在城市接受教育，农村孩子不仅可以接触到更优秀的老师，而且可以开阔眼界。在城市，他们更可能形成基于同学和友谊的社会关系，更可能与城市居民结婚，而这将加速城乡一体化，从而逐步消除中国的城乡差异。

创造力培养难题与高考

中国在城市教育方面面临的最大问题是创新教育。有人说西方教育模式比亚洲的应试模式更适合培养创新能力。西方教育的优势在于知识的广度，鼓励探索精神，培养沟通能力。亚洲教育的优势在于知识的深度和工具的掌握方面。因此，亚洲教育模式绝非一无是处。比如对于数学、计算机等工具的知识，学生们一定要多做练习。随着各个领域的创新越来越多地利用大数据和人工智能，亚洲教育在这方面的优势逐渐获得西方教育界人士的认可。最新的教育理念是我们需要结合东西方的优势。我们必须强调学生独立思考的能力，但同时也要训练他们解决数学难题的能力。因此，东西方的精英教育正在融合。美国的私立高中和中国的国际学校都采用了类似的教育方式。美国顶尖高中生的作业量不亚于中国学生。中国国际学校的学生在课堂上也非常活跃。

但到了高考问题上，中国的教育却不幸马失前蹄。国际高中可以让学生自由选择课程。但是，中国的普通高中要求学生100%投入准备全国高考。只要学校和家长的理性选择是阻止学生学习高考中不考的内容，任何素质教育领域的改革都只会徒劳无功。

为了避开高考，现在越来越多的精英家庭将孩子送出国留学。他们经常发现美国的中学生现在正变得和中国学生一样勤奋。他们不仅会做数学题，还会选择各种课程，参与各种项目。

留在中国的学生则作业越来越少，教学也越来越轻松。但是，来自高考的压力并未减少。因此，中国家庭不得不花费大量的时间、金钱和精力为孩子寻找家教。

大城市应该控制人口吗？

按照目前的政策，人们认为北京地域太大，人口太多。虽然大多数人相信这是真的，但与世界上的其他城市相比，这种观点如何站得住脚？更更要的是，我们应该问一个问题，那就是严格控制北京的人口是有益还是有害。下面我们将对此进行深入分析。

在目前可用的各种数据源中，我们发现国际人口统计组织对城市总量的定义是最具经济意义和国际可比性的。根据国际人口统计组织2013年的数据，如果按人口计算，北京的城市集群（指具有连通空间的城市地区的人口，不包括远郊人口）排名第11位，人口数量为1824万，仅次于东京、雅加达、首尔、德里、上海、马尼拉、卡拉奇、纽约、圣保罗和墨西哥城。如果按面积计算，北京的排名更低。无论是人口规模还是城市规模，北京都没有进入前十。与世界其他主要城市相比，北京的拥堵程度仅为中等至轻度。换言之，从世界范围来看，说北京人口"太多"并不能让人信服。

很多中国人觉得北京很拥挤，因为他们对外部世界的了解大多来自发达国家，而那些国家一般来说并不拥挤。为什么发达国家的城市通常不拥挤？当人们聚集在一起时，城市就形成了。一方面，人口的集中提高了效率，但另一方面，它也压抑了一些东西。因此，城市拥堵是人们聚集在一起带来的效率提升所付出的代价。当城市的人口规模相同时，不同城市的拥堵程度取决于住房和交通的类型。经济发达的国家通常有更多的意愿和更好的条件来提高它们的生活和交通水平，这样它们的低密度城市也可以实现高效率。相比之下，较贫穷国家的城市即使人口较少，通常也更拥挤。30年前中国城市的人口密度比现在大得多，尽管当时的城市人口比现在少得多。因此，减少城市拥堵的真正途径是发展经济，增强财力，改善生活和交通条件。

政策建议

千方百计提高出生率

一是全面取消生育限制，全面放开计划生育政策。促进生育的第一步是取消所有限制。这包括取消申请批准生育的要求，取消社会抚养费，以及取消诸如解雇违反生育政策限制的员工等处罚措施。实际上，在几乎所有低生育率的国家，有一些司空见惯的鼓励人口增长的政策，例如给予经济奖励和抚养孩子的支持。经济奖励通常是累进的，特别是那些奖励有三个或更多孩子的夫妇。

二是用经济手段鼓励生育。中国可以借鉴国际经验。例如，在法国出生的孩子出生时将获得928欧元的津贴，出生后3岁之前和3~20岁的每月补贴分别为185欧元和65~231欧元，以及额外的每月补贴169欧元。在德国出生的孩子在18岁之前可以享受儿童福利，而如果他在19~25岁之间没有正式就业或在学校接受教育，则可以申请儿童福利。这些福利的金额会根据通货膨胀情况进行调整。目前，一个家庭的头两个孩子每人每月可以补贴184欧元，第三个孩子每月补贴190欧元，第四个和每个额外的孩子每月补贴215欧元。

中国现在能做的就是实施所得税减免和现金补贴，二者同等重要。对于收入较高的家庭，所得税减免应按子女人数计算；而对于低收入家庭，直接现金补贴会更有利。为了提高生育率和减轻经济压力，随着二孩政策的实施，这些税收减免或现金补贴可以只给予家庭的第二个孩子。计划生育政策全面放开后，对第三个及更多的孩子可给予所得税减免或现金补贴。对于每个6岁以下的孩子，我们建议政府每年给这个家庭大约1万元人民币，并且每个孩子每年的税收减免金额最高为10万元人民币。如此一来，每个家庭抚养一个或多个孩子的负担就会相应减轻。

三是保障非婚生子女的平等权利。随着女性受教育程度和职业发展水平的提高，许多职业女性不愿结婚或找不到合适的伴侣，这导致了许多国家的结婚率逐年下降。尽管北欧一些国家的结婚率低于中国、日本和其他东亚国家，但鉴于其

40%~60%的孩子是非婚生子女，这些国家的出生率仍高于东亚国家的出生率。

当然，我们不提倡非婚生子，但是有能力并且愿意独自抚养孩子的女性应该获得与已婚女性相同的权利和福利。因此，我们建议取消任何歧视这些女性的法律或政策，同时推动保护非婚生儿童的合法权利。

发展学前教育，促进教育公平

一是建设大量托儿所，实行学前免费义务教育，降低养育孩子的成本。年轻人不愿意生第二个孩子的主要原因之一是抚养一个孩子需要花费大量时间和精力；在孩子进入托儿所、幼儿园和小学后更是如此。中国严重缺乏针对3岁以下儿童的托儿所。来自国家卫生和计划生育委员会的数据显示，在中国0~3岁的儿童中，只有4%的儿童进入了某种形式的托儿所。我们建议将这一比例提高到50%左右，但要实现这一目标，政府将需要直接建设或协调建设约10万所托儿所。

有研究表明，学前教育的回报率很高。正因为如此，我们建议学前教育应该成为义务教育的一部分；也就是说，政府应该提供免费的托儿所和幼儿园，这样一来，只要孩子的父母愿意，他们就有地方送孩子。

二是取消对非常住人口的教育限制，解决留守和外籍儿童的教育问题。在中国一些主要城市，没有常住户口的居民已经占据了劳动力的很大比例。但是，许多城市仍然根据常住人口配置教育资源。这给希望让其子女进入托儿所、幼儿园或小学的非常住人口带来了难题。随着越来越多的人开始重视赚钱，越来越多的孩子被留在家乡生活，而他们的父母则前往城市寻找工作。尽管大量农民工在大城市工作并纳税，但他们的子女却享受不到同等的教育福利。这意味着许多新婚年轻夫妇面临的困境是要么离开所在城市，要么将孩子送回户口所在地生活学习。许多人于是选择要么推迟生孩子，要么决定不生。

我们的建议是取消对非常住人口子女的教育限制，允许任何中国儿童在任何城市接受免费教育。这将允许农民工留在城市，并让他们的孩子在附近的托儿所、幼儿园或学校接受便利的教育。这不仅是经济社会发展的需要，也是提高出生率的重要举措。

三是改革现行高考制度，发展自主招生制度。现有的入学考试制度不利于贫困家庭学生，因为数百万农民工家庭学生必须在户口所在地参加高中和大学的入学考试，从而造成了中国独特的留守儿童问题。全国统一入学考试制度已成为户籍制度改革的最大障碍，同时也是贫富差距、城乡差距扩大的根本原因。高考制度可以保留，但学校需要多元化的录取标准，考试应该只是标准之一。学校应有一定的自主权，并有不同的招生标准。对于管理不善的高校，仍可将入学考试成绩作为录取学生的单一标准，但对于大多数管理制度完善的高校，应该采取更加灵活自主的招生制度，不让学生为考试而学习，让有天赋、对某一领域感兴趣的学生获得充分发展的机会。这也可以逐步缓解高考带来的地域歧视、城乡差异等问题。

对大城市人口问题的看法

大城市要通过发展经济和扩大金融资源，吸引人才，建设创新型城市，改善交通和生活条件。

目前，家庭让孩子进入幼儿园或学校上学的困难依然突出，这始终是北京等特大城市控制人口的原因之一。然而，这实际上是资源配置不当的结果。过去由于儿童数量下降和缺乏远见，大量学校或关闭或合并，现在事实证明，为人数越来越多的儿童提供基础义务教育正变得困难。这应该归咎于规划和教育当局的失误。如果那些玩忽职守的人被追究责任，这些问题可能就不再是问题了。即使人口停止增长，北京也应该制订一个长期计划，建设足够的学校，以容纳每个年级30万名学生。

北京目前正面临着各种严重的城市问题，与世界其他城市相比，这些问题是由于规划和管理不当造成的，问题不是人口过剩，归根结底是错误观念对人口控制的影响。人口集聚无疑会带来各种各样的问题，但同时也创造了促进效率提升的机会和需求。经济发展的根本推动力是人力、财力、物力的充分流动，其中人力资源最为重要。严格控制人口规模正在扰乱这种流动，也违反了基本的经济规律。因此，基于这种思维制定的人口和城市规划会遭到经济现实的毒打，引发更大的城市问题也就不足为奇了。但是，很少有人反思之前的规划为何屡屡失败，以及如何制订更好的规划。相反，他们把人口看成洪水猛兽，把所有问题都归咎于所谓的人口失控，从而掩盖了真正的症结所在，这对解决这些问题没有任何帮助，反而是在设置障碍。

结论

本章从创新理论入手，提出构建新的经济人口范式的必要性，并结合中国国情对理论和事实进行分析。主要结论如下。

1. 人口是制约创新的重要因素。其作用体现在三个方面：一是规模效应，庞大的人口为创新提供了更大的市场和人才库；二是集聚效应，高素质人才的聚集和流动是创新的重要条件；三是年龄效应，年青一代的创业活力和技术创新潜力更强。

2. 中国当前的人口问题表现在数量和质量两个方面。从数量上看，我们面临着严重的低生育率危机，这是由于抚养孩子的成本过高所导致。要采取鼓励生育的政策，通过经济手段改善社会和公共服务。从质量上看，表现为农村教育的落后和高考制度的不足。中国应重点解决留守儿童和无居留证儿童的教育问题，改革统一招生制度，发展自主招生。

3. 对于北京、上海等大城市的拥堵问题，这是人才积累、促进创新发展的过程中要付出的代价。为此，根本出路是发展经济，提供更多就业机会，改善交通和生活条件。

第 13 章
中国地方领导的政绩考核

白重恩　埃里克·马斯金

对地方领导进行恰当的政绩考核非常重要，不仅可以确保相关领导是特定工作的合适人选，还可以为其提供正确的激励来出色地完成其本职工作。本文旨在针对重新设计中国地方领导的考评体系提出建议。

本文第一节将描述中国地方政府取得的主要成就及其最大的缺陷，第二节概述了针对地方领导的政绩考核体系，第三节则讨论重新设计政绩考核体系时的几项一般原则，第四节则对应包含在新政绩考核体系中的特定功能提出了建议。

地方政府的成功与失败

地方政府在中国经济发展中发挥着至关重要的作用。中国是一个幅员辽阔、充满多样性的国家，地方政府实现了国家政策的因地制宜，使政策实施更为有效。事实上，地方倡议和地方试验对于国家政策的制定非常重要。跨区域的政策差异让企业有机会找到最适合其需求的环境。最后，鼓励地方政府之间的竞争有助于提高经济效率。如果没有地方政府的这些重要贡献，中国经济就不会是今天的样子。

但是，地方政府也存在一些严重的问题。地方政府急于促进地方投资并保护地方税基。这确实促进了经济增长，但也意味着当地公司能以过于低廉的价格获得土地和信贷。同时，这也意味着地方政府面临预算软限制（但此限制措施也难以在地方政府决策失误时及时叫停），并且这些地方政府受到过度保护，未受到外部竞争的影响。这些影响导致某些部门的产能过剩，特别是钢铁、铝、水泥、建筑玻璃和太阳能电池板等。

地方政府未做出足够的努力来改善总体营商环境。为获得营业执照和商业项目批准所需的繁文缛节对许多企业来说仍然是沉重的负担。私有财产所有者的财产权经常受到侵犯。一些企业面临政府的任意征税。企业受到地方政府的高度不平等待遇，许多企业担心在与其他各方的纠纷中，它们不会得到公正的判决或判决得不到严格的执行。世界银行《2014年全球营商环境报告》将中国的营商环境质量列在189个经济体中的第96位。①

地方政府往往对消费者利益存在偏见，态度上更倾向于保护企业利益。特别要提到的一点是，它们在保护环境和确保食品安全方面往往做得不尽如人意。

地方政府的支出往往并不明智，存在大量浪费，尤其是在开展形象工程时。同时地方政府还存在腐败问题。

所有这些现象都源于现有的地方领导干部激励机制。

现有的地方领导干部激励机制

根据一条最主要的假设，中国的地方领导通过参与"GDP锦标赛"来获得激励：只有当其所在地区的经济表现相对于其他地区表现更好时，领导才能得到提拔。[1]该理论解释了上节中提到的中国经济的一些显著特征，包括强劲的经济增长、污染、[2]对工业的过度投资和地方保护主义、[3]住房的过度投资[4]和高税收。[5]也有大量实证工作支持了这一理论。[6]但是，该理论不能解释上节描述的所有缺陷。特别是，它不能预测地方政府会不平等对待企业或某些政府官员会腐败。此外，最近的实证研究表明，一名地方政府领导的政治关系或人脉可能比其所

---

① 中国营商环境持续改善，在世界银行发布的《2020年全球营商环境报告》中，中国位列第31位。——编者注

在地区的经济表现更重要,[7]或者至少是只有在地方官员在政治上人脉广泛的时候,其所在地区的经济表现才显得重要。[8]

因此,最近有一种基于非正式激励的互补理论开发出来,以补充 GDP 锦标赛模型。[9]在这个新理论中,一位地方政府官员会在如下情况下给予某些企业特殊待遇(特别是帮助它们获得廉价的土地或信贷):(1)这些企业的业务很适合这位地方官员的个人品位;(2)这些企业由当地精英或本地区外的政治权势人物经营;(3)这位地方官员可以特别容易为自己钟爱的项目或个人利益从这些企业汲取资源。这一互补理论的某些证据包括:国有企业可以获得更便宜的信贷;政治关系或人脉较好的私营企业比其他企业更容易获得银行贷款;[10]在国有企业占有较大份额的行业中,地方保护主义更严重;[11]国有汽车制造商在市场份额上享有本土优势。

这两种激励模式共同解释了上节中描述的地方政府的所有成功和失败之处。它们还表明,要消除失败,必须改变地方领导的政绩考核方式。

重新设计政绩考核体系的原则

第一,要明确界定地方领导的权责。这种界定是任何政绩考核体系改革的先决条件。它需要仔细考虑政府与市场之间、政府与社会之间、不同级别政府之间以及不同政府部门之间的界限。但是，对此界定的详细讨论已经超出了本章的范围。令人鼓舞的是，中国政府正在公布不同部门的权力和责任清单。

第二，政绩考核要尽可能全面，包括权力遭到滥用的程度、职责的履行程度等项目。此外，由于没有任何项目清单可称得上完整（即使该清单是完整的，不同项目的适当权重也不明确），还应该对整体绩效进行考评（这能在短期和长期考量之间取得平衡）。

第三，主观考评与客观考评并举。主观考评之所以必要，是因为政绩中的某些项目并不易于形成一个客观衡量标准，而且——正如已经提到的——对于如何给出不同项目的恰当权重并不明确。

第四，让一系列了解情况的人士参与开展主观政绩考核的过程也很重要。原则上讲，政绩考核的不同项目可以由不同的小组来处理，但这可能会让管理过程过于复杂。我们或许可以通过实验来了解为政绩考核的所有项目创建单个小组以及为不同项目创建不同小组这两种方式哪种更有效。无论采用哪种方法，考核群体都应该具有足够的包容性，能够广泛地代表人民群众，并且规模足够大，从而让群体的集体意见不会遭到轻易操纵。该小组还应独立于接受政绩考核的领导者。在进行此项改革时，第一步可以赋予人大和政协考评地方领导绩效的权力。此类考核的结果可与现有的主观考核合并使用。

第五，主观考核人需要更好地了解地方领导的表现。还应允许并鼓励考核人之间相互讨论此类信息。朝着这个方向迈出的第一步就是提高政府预算的透明度。另一步就是让主观考核人了解所有客观考核的结果。同样，这也可以从人大和政协开始施行。

第六，应该考虑跨地区和跨时间的基准分析。要了解这样做的原因，就需要注意到可能存在同时影响所有区域的共同因素。这些共同因素并不是任何地方领导选择的结果，因此任何领导都不应为此负责。区域基准分析是确保这一点的恰当方式，正如时间基准分析是一种避免让领导者对超出其控制的持续时间因素承担责任的方法一样。

最后，应该特别注意可能会限制正式政绩考核有效性的非正式或隐藏的激励措施。例如，如果上级政府官员干预地方事务，那么让下级政府领导对由此引发的后果负责就不太可能提高他们的绩效。同样，允许上级政府官员在明确的政绩考核体系之外奖励或惩罚下级政府领导，往往会削弱该体系的有效性。

对政绩考核的具体功能的建议

客观考核项目

1. 经济表现

（1）经济增长率（包括地区生产总值和地区总收入）

（2）失业率

（3）总就业人数

（4）财政赤字占地区生产总值的比重

（5）债务余额与地区生产总值的比率

2. 环境

（1）单位 GDP 能耗

（2）减排目标完成情况

（3）空气质量

（4）水质

（5）土壤质量

（6）森林覆盖率

（7）城市绿地

3. 居民福利

（1）家庭收入增长率

（2）贫困率

（3）教育支出占地方财政支出的比重

（4）公共卫生支出占地方财政支出的比重

（5）婴儿死亡率

（6）住房公共支出占地方财政支出的比重

（7）租金与人均收入的比率

（8）社会保险覆盖率

（9）社会保险费征收率

主观政绩考核

1. 地方领导的整体表现

2. 地方领导的能力

3. 地方领导的性格

4. 地方领导的勤勉

5. 当地经济状况

6. 地方经济的长期健康状况

7. 当地营商环境的质量（获取商业界对此的意见很重要）

8. 当地生态环境状况

9. 居民福利整体水平

10. 教育质量

11. 卫生服务质量

12. 公共交通的质量

13. 其他公共服务的质量

14. 消费者利益保障法规的整体质量

15. 食品安全状况

16. 地方文化发展的整体状况

17. 社会和谐整体水平

18. 地方治理的整体质量

19. 领导层对居民需求的回应情况

注释

1. 早期的理论分析可见 Maskin, Qian and Xu. "Incentives, Information, and Organizational Form," *Review of Economic Studies*, 2000。

2. Jia. "Pollution for Promotion," UCSD Working Paper, 2014.

3. Zhou. "Incentives and Collaboration in Promotion Games and a Discussion on Local Protectionism and Repetitive Investment," *Economic Research*, 2004.

4. Gao, Long and Xu. "Collective Leadership, Career Concern, and the Housing Market in China: the Role of Standing Committees," World Bank Working Paper, 2014.

5. Lu and Landry. "Show Me the Money: Interjurisdiction Political Competition and Fiscal Extraction in China," *American Political Science Review*, 2014.

6. 例如，Li and Zhou. "Political Turnover and Economic Performance: the Incentive Role of Personnel Control in China," *Journal of Public Economics*, 2005.

7. 例如，Shih, Adolph and Liu. "Getting Ahead in the Communist Party: Explaining the Advancement of Central Committee Members in China," *American Political Science Review*, 2012.

8. Jia, Kudamatsu and Seim. "Political Selection in China: the Complementary Roles of Connections and Performance," *Journal of European Economic Association*, 2014.

9. Bai, Hsieh and Song. "Special Deals with Chinese Characteristics," *NBER Macroeconomics Annual*, 34, 2019: 341–79.

10. Bai, Lu and Tao. "Property Rights Protection and Access to Bank Loans: Evidence from Private Enterprises in China," *Economics of Transition*, 2006.

11. Bai, Du, Tao and Tong. "Local Protectionism and Regional Specialization: Evidence from China's Industries," *Journal of International Economics*, 2004.